Week 05

1 **be held**

● 열리다, 개최되다

W: Where will the technology trade show **be held** this year?
M: In Orlando, Florida.

여: 올해 기술 박람회는 어디에서 열리나요?
남: 플로리다 주의 올랜도에서 열립니다.

만점 TIP

・ 관련 기출
hold an event 행사를 개최하다
hold a meeting 회의를 열다

2 **pursue**

● v. ~을 추구하다, ~을 해 나가다

W: Why did you **pursue** a career in music?
M: Because I have a talent for it.

여: 왜 음악 계통의 일을 택해 하셨나요?
남: 거기에 재능이 있어서요.

3 **representative**

● n. 직원, 대표자

W: As a sales **representative**, you'll be working with a diverse range of customers.
M: That's what I'm most looking forward to. I enjoy interacting with new people!

여: 영업 직원으로서, 귀하는 다양한 고객들과 일하게 될 겁니다.
남: 그게 바로 제가 가장 기대하는 것이에요. 저는 새로운 사람들과 교류하는 것을 즐깁니다!

4 merger

● n. 합병

W: Our company **merger** with Rudolph Technical Solutions is going to create a lot of changes to our working environment, won't it?

M: Yes. I heard we might even be relocating to a new office in St. Louis.

여: 우리 회사가 루돌프 테크니컬 솔루션즈 사와 합병하게 되면 업무 환경에 많은 변화가 생기겠죠?

남: 네. 세인트 루이스에 있는 새 사무실로 옮길지도 모른다고 들었어요.

만점 TIP

· 관련 기출

mergers and acquisitions 기업 인수 합병(M&A)

be merged with ~와 합병되다

acquire ~을 인수하다

5 rate

● n. 요금

W: What's the parking **rate** at Eastfield Mall?

M: According to their website, it costs 3 dollars per hour.

여: 이스트필드 몰의 주차 요금은 얼마입니까?

남: 그들의 웹사이트에 의하면, 한 시간당 3달러입니다.

만점 TIP

· 관련 기출

fee / charge 요금, 수수료

6 vicinity

● n. 인근

W: Where should we have our company dinner after the seminar?

M: Let's search up what's in the **vicinity** of the conference center.

여: 세미나 끝나고 회식 장소는 어디로 할까요?

남: 회의장 인근에 뭐가 있는지 찾아봅시다.

⁷ feature

- ① n. 특색, 특징
- ② n. 특집
- ③ v. ~을 특별히 포함하다, 특징으로 삼다

W: Good morning. I'm looking for a new computer.
M: Okay. What features are you looking for?
여: 좋은 아침입니다. 저는 새 컴퓨터를 찾고 있어요.
남: 알겠습니다. 어떤 특징을 찾고 계십니까?

W: I found out that our favorite restaurant was
featured in a news article.
M: That's great! What did they say about it?
여: 뉴스 기사에 저희가 제일 좋아하는 식당이 특집으로 실렸다는 것을
알게 되었어요.
남: 잘됐네요! 뭐라고 하던가요?

만점 TIP
- 관련 기출
feature article (신문이나 잡지의) 인기 기사
special feature 특별한 특징
featured exhibit 특별 전시
featured speaker[guest] 특별 연사[손님]

⁸ outdated

- a. 구식의

W: Why are you installing new security cameras?
M: Because our current cameras are outdated.
여: 왜 새 보안 카메라를 설치하세요?
남: 현재 카메라가 구식이어서요.

⁹ review

- n. 후기, 평

W: How have customer reviews been for our new line
of silicon kitchen utensils?
M: They've been mostly positive.
여: 새로운 실리콘 주방용품 제품군에 대한 고객 평가가 어떻습니까?
남: 긍정적인 반응이 대부분입니다.

10 stand out

● 눈에 띄다

W: A new logo might help our business **stand out** more.
M: I agree. Our current logo is quite outdated.

여: 새 로고가 우리 회사를 더 눈에 띄게 하는 데 도움이 될 것 같아요.
남: 맞아요. 현재 로고는 많이 구식이죠.

11 operate

● v. ~을 작동시키다, 운영하다

W: I don't know how to **operate** this coffee machine.
M: I've never used it, either. Maybe there are instructions on the side.

여: 이 커피 머신 작동법을 모르겠어요.
남: 저도 사용해 본 적 없어요. 측면에 사용 설명서가 있을 지도 몰라요.

12 on short notice

● 예고 없이, 촉박하게

W: Sorry for letting you know **on** such **short notice**, but I'll need you to send me the sales report before the end of today.
M: No problem, I'll send the report today.

여: 이렇게 급하게 알려드려서 죄송합니다만, 오늘 내로 매출 보고서를 보내주셔야겠습니다.
남: 문제 없어요, 보고서를 오늘 보내드리겠습니다.

13 apparently

● ad. 듣자 하니, 명백히

W: Any updates on our competitors?
M: **Apparently**, Big Star Electronics' latest reading tablet has received poor customer reviews.

여: 경쟁사에 대한 최신 정보가 있나요?
남: 듣자 하니, 최근 출시된 빅스타 전자의 독서용 태블릿은 고객들의 평가가 좋지 않은 것 같습니다.

14 refundable

● a. 환불 가능한

W: I purchased two tickets for a flight to Dubai this November, but I want to cancel them.
M: Okay. I see that you selected flexible tickets, so your purchase should be fully **refundable**. How would you like to receive your payment back?

여: 이번 11월에 두바이로 가는 비행기 표를 두 장 구매했는데, 취소하고 싶습니다.
남: 알겠습니다. 변경 가능한 항공권을 선택하셨기 때문에 전액 환불이 가능할 것 같습니다. 결제금은 어떻게 돌려받으시겠어요?

만점 TIP
• 관련 기출
full refund 전액 환불
partial refund 부분 환불

15 prescription

● n. 처방, 처방전, 처방된 약

W: I'm here to pick up some cold medicine that was prescribed to me by my doctor.
M: May I see your **prescription**, please?

여: 의사에게 처방 받은 감기약을 받으러 왔습니다.
남: 처방전을 볼 수 있을까요?

만점 TIP
• 관련 기출
fill a prescription 처방전대로 약을 조제하다
pick up one's prescription 처방된 약을 찾아가다

16 be aware + that절
be aware of + 명사

● ~을 알고 있다

W: Please **be aware that** our library closes early on weekends.
M: Okay, I'll make a note of it on my calendar.

여: 저희 도서관이 주말엔 일찍 닫는다는 걸 알아 두세요.
남: 알겠습니다, 달력에 적어 둘게요.

17 **lease**

- v. 임대하다, 임차하다
- n. 임대, 임대차 계약

W: There's a lovely apartment available for rent on Main Street.
M: Great! My current **lease** is about to expire, so I'll definitely consider it.

여: 메인 스트리트에 임대할 수 있는 아파트가 좋은 게 하나 있습니다.
남: 잘됐네요! 제 현재 임대차 계약이 곧 만료되어서, 그걸 꼭 고려해 봐야겠어요.

W: What a nice office! Are you **leasing** this space?
M: Yes. I signed a two-year contract.

여: 사무실이 참 좋네요! 이 공간을 임대하시는 건가요?
남: 네. 2년 계약을 했습니다.

만점 TIP
• 관련 기출
long-term lease 장기 임대
lease agreement 임대 계약(서)

18 **get to + 장소**

- ~에 도착하다

W: How long does it take to **get to Ann Arbor** from here?
M: If you take the express train, only about one hour.

여: 여기서 앤 아버까지 얼마나 걸립니까?
남: 급행 열차를 타면 한 시간 정도밖에 안 걸립니다.

19 **keep up with**

- ~을 뒤처지지 않고 따라가다

W: How are you able to **keep up with** your meetings and appointments? You seem so busy all the time.
M: I use a calendar app to help me keep track of everything.

여: 회의나 약속을 어떻게 잘 따라가시는 거죠? 항상 바쁘신 것 같은데.
남: 달력 앱을 사용해서 모든 것을 놓치지 않게 도움을 받고 있어요.

20 draft

● n. 원고, 초안

v. 원고를 작성하다

W: When can I see the final **draft** of the project proposal?
M: I'm aiming to have it ready for your review by tomorrow morning.

여: 프로젝트 제안서의 최종 원고를 언제 볼 수 있을까요?
남: 내일 오전까지 검토하실 수 있게 준비할 것을 목표로 하고 있어요.

21 ideal

● a. 이상적인, 가장 알맞은, 완벽한

W: What do you think of the apartment?
M: Its location is **ideal** for us working downtown.

여: 그 아파트에 대해 어떻게 생각해요?
남: 위치가 시내에서 근무하는 우리에게 이상적이에요.

22 set up

● ~을 설치하다, 세팅하다

W: Could you **set up** the chairs for the afternoon meeting?
M: Sure, I'd be happy to.

여: 오후 회의를 위해 의자들을 세팅해 주겠어요?
남: 그럼요, 기꺼이요.

23 **contractor**

• n. 계약자, 도급업자

W: Can we ask our IT worker to fix the electrical wiring issues?
M: No, that's out of his scope of expertise. We'll have to hire a **contractor**.

여: IT 담당자에게 전기 배선 문제를 해결해 달라고 요청할 수 있을까요?
남: 아니요, 그건 그분의 전문 지식 범위를 벗어난 거예요. 우리가 도급업자를 고용해야 할 겁니다.

24 **bill**

• n. 고지서, 청구서
v. ~에게 청구하다

W: I don't understand why my water **bill** for this month is so high!
M: Have you checked your lawn sprinklers? Many residents tend to leave them on for too long.

여: 이번 달 수도 요금이 왜 이렇게 많이 나왔는지 이해가 안 가요!
남: 잔디 스프링클러를 확인해보셨나요? 많은 주민들이 그것을 너무 오래 켜두는 경향이 있습니다.

W: This is the customer call center for Horizon Mobile. How can I help you?
M: Hi, I was **billed** an extra item for my mobile service last month, but I don't know why.

여: 호라이즌 모바일의 고객 콜센터입니다. 무엇을 도와드릴까요?
남: 안녕하세요, 지난달에 모바일 서비스에 대해 추가 요금을 청구받았는데, 이유를 모르겠습니다.

만점 TIP

• 관련 기출
billing error 청구 오류
billing records 청구 기록
billing address 청구지 주소

25 projections

● n. 추정, 예상

W: How are our cost **projections** looking for next quarter?
M: We should be able to stay well within budget as long as the price of raw materials does not increase.

여: 다음 분기 비용 전망은 어떻습니까?
남: 원자재 가격이 오르지 않는 한 예산 내에서 잘 머무를 수 있을 겁니다.

만점 TIP

• 관련 기출
  sales projections 매출 추정치

26 flyer

● n. (광고용) 전단

W: My printing company specializes in making paper advertisements, like posters, banners, and **flyers**.
M: I've seen your designs, and they look wonderful.

여: 저희 인쇄소는 포스터, 현수막, 전단 같은 종이 광고를 만드는 것을 전문으로 합니다.
남: 당신의 디자인을 봤는데, 정말 멋지더라고요.

27 subscription

● n. 구독

W: If I renew my **subscription** with your magazine for another year, can I get a discount?
M: I'm sorry, only new subscribers can receive a reduced rate.

여: 귀사의 잡지를 1년 더 구독하면 할인을 받을 수 있나요?
남: 죄송합니다, 신규 가입자만 할인 혜택을 받을 수 있습니다.

만점 TIP

• 관련 기출
  「subscribe to + 대상」 ~을 구독하다
  subscriber 구독자

28 **run out**

- ~을 다 쓰다, ~이 다 떨어지다

W: Why haven't you finished printing the documents?
M: We **ran out** of ink, so I've ordered more and it
   should be here soon.

여: 왜 문서 인쇄를 끝내지 않았죠?
남: 잉크가 떨어져서 더 주문했고, 곧 올 겁니다.

29 **transfer**

- n. 전근, 이동
- v. 전근하다, 이동하다

W: What is your long-term goal if you were to work at
   our banking firm?
M: Eventually, I want to **transfer** to an overseas
   branch and be an international representative for
   this company.

여: 우리 은행에서 일하게 된다면 장기적인 목표는 무엇입니까?
남: 궁극적으로, 저는 해외 지사로 전근하여 이 회사의 국제 대표가 되
   고 싶습니다.

만점 TIP

· 관련 기출

  transfer money to 돈을 ~로 보내다
  ☞ transfer는 '(돈을) 보내다, 송금하다'라는 뜻으로도 잘 나옵니다.

30 **no later than +**
일시

- 늦어도 ~까지

W: By when do I need to submit the travel receipts
   from last week's business trip again?
M: **No later than this Thursday.**

여: 지난주 출장 영수증은 언제까지 다시 제출하면 되나요?
남: 늦어도 이번 주 목요일까지입니다.

만점 TIP

· 관련 기출

  by Thursday at the lastest 늦어도 목요일까지
  ☞ 같은 의미인 「by + 일시 + at the latest」도 함께 알아두세요.

31 make sure

- 반드시 ~하도록 하다 (= ensure)

W: I think the table decorations look good and are all set now.
M: Let's double-check the tableware to make sure nothing is missing.

여: 테이블 장식도 보기 좋고 이제 다 준비된 것 같아요.
남: 식기류를 다시 한번 점검해보고 누락된 부분이 없도록 합시다.

32 store

- v. ~을 보관하다

W: Where can I store these flyers until the opening event?
M: In the closet over there.

여: 개점 행사 때까지 이 전단들을 어디에 보관할까요?
남: 저쪽에 있는 벽장에요.

33 make it

- 참석하다, 해내다, 시간에 맞게 가다

W: Where's the marketing seminar being held?
M: Oh, I didn't think you could make it.

여: 마케팅 세미나가 어디에서 열리죠?
남: 오, 당신이 참석할 수 있을 거라고 생각 못했어요.

34 discontinue

- v. ~을 단종시키다, 중단하다

W: Hi, do you have this dishware set in stock?
M: Unfortunately, that design got discontinued a few months ago.

여: 안녕하세요, 혹시 이 식기 세트 재고가 있나요?
남: 안타깝게도 그 디자인은 몇 달 전에 단종되었습니다.

35 warranty

• n. 제품의 품질 보증(서)

W: Does this printer come with a lifetime **warranty**?
M: Yes. If it needs to be repaired for whatever reason, we can do that for you free of charge.

여: 이 프린터는 평생 보증이 제공되나요?
남: 네. 어떤 이유로든 수리가 필요하시면 무료로 해드릴 수 있습니다.

만점 TIP

· '제품에 ~이 딸려 나오다'라는 뜻의 표현을 알아 두세요.
This watch comes with an extra battery.
이 손목시계는 추가 배터리가 딸려 나옵니다.

36 promote

• ① v. 승진시키다

② v. ~을 조장하다, 촉진하다

③ v. ~을 홍보하다

W: Did you hear the news? Hong-joo got **promoted** and moved up into management.
M: Really? She totally deserves it since she's always so diligent in her work.

여: 그 소식 들었어요? 홍주 씨가 승진해서 경영진으로 올라갔어요.
남: 정말요? 그녀는 항상 일에 부지런하기 때문에 충분히 그럴 자격이 있어요.

W: What can we do to **promote** worker productivity?
M: One effective approach could be to provide regular training and skill development opportunities.

여: 직원 생산성을 촉진하려면 무엇을 할 수 있을까요?
남: 정기적인 교육과 기술 개발 기회를 제공하는 것이 한 가지 효과적인 접근법이 될 수 있어요.

W: We need new ideas on how to **promote** our business.
M: How about running a limited-time discount?

여: 사업을 어떻게 홍보할 것인지에 대한 새로운 아이디어가 필요합니다.
남: 한시적 할인 행사를 운영하면 어떨까요?

37 be public
● 공개되다

W: What's the latest news about the upcoming merger?
M: The information **isn't public** yet.

여: 곧 있을 합병에 대해 최신 뉴스가 있습니까?
남: 아직 정보가 공개되지 않았어요.

만점 TIP
• 관련 기출
  the public 일반 사람들, 대중

38 business card
● 명함

W: Do you know how to contact me if you need further assistance?
M: Certainly, I have your **business card.**

남: 도움이 더 필요하실 경우 제게 연락할 방법을 아세요?
여: 그럼요, 당신의 명함을 갖고 있어요.

39 fill in for
● ~을 대신하다

W: Are you available on Wednesday afternoon? I need someone to **fill in for** me that day.
M: Let me check my calendar.

여: 수요일 오후에 시간 되세요? 그날 저를 대신해 줄 사람이 필요해요.
남: 제 달력을 확인해 볼게요.

40 cut back on
● ~을 줄이다

W: Don't you usually add vanilla syrup to your coffee?
M: Yes, but my doctor told me that I should **cut back on** sugar.

여: 보통 커피에 바닐라 시럽을 넣지 않나요?
남: 네, 그런데 의사 선생님께서 제가 설탕을 줄여야 한다고 하셨어요.

DAILY QUIZ

단어와 그에 알맞은 뜻을 연결해 보세요.

1 merger • • (A) 구독

2 lease • • (B) 합병

3 subscription • • (C) 임대차 계약

빈칸에 알맞은 단어를 선택하세요.

4 I'm not feeling well today. Can you ------- me during the afternoon meeting?

제가 오늘 몸이 좋지 않네요. 저 대신 오후 회의에 가 주실 수 있으세요?

5 Please ------- you turn off the lights when you leave the meeting room.

회의실을 나갈 때 반드시 전등을 끄도록 하세요.

(A) get to
(B) keep up with
(C) make sure
(D) fill in for

6 Do you know how to ------- the convention center?

컨벤션 센터로 가는 길을 아십니까?

음원을 듣고 질문에 어울리는 응답을 고르세요. 🎧

7 (A) (B) (C)

8 (A) (B) (C)

1 available ● 시간이 나는, 이용할 수 있는, 구할 수 있는

> 기출 be available to work weekends
> 주말에 일할 시간이 나다
>
> be available between 9 AM and 6 PM
> 오전 9시와 오후 6시 사이에 이용할 수 있다

Three afternoon time slots are ------- for anyone who wishes to take a boat tour along the River Tyne.

(A) available   (B) necessary

2 local ● 지역의, 현지의

> 기출 local greenhouse
> 지역 온실
>
> use grains only from local farms
> 현지 농장에서 재배한 곡물만 사용하다

The weekly farmers' market gives residents a chance to buy fresh produce from ------- farmers at low prices.

(A) casual   (B) local

3 recent ● 최근의

> 기출 recent policy updates 최근 정책 업데이트
> the recent merger with ~와의 최근 합병

Meta Moon Chronicles is the most ------- recipient of the Video Game of the Year award.

(A) late   (B) recent

4 **due**

● ~하기로 예정된, 기한이 만료되는, 지불 기한인

기출 be **due** back to the library
도서관으로 돌아오기로 예정되어 있다

be **due** two weeks from the checkout date
대출일로부터 2주 후에 반납 기한이 만료되다

The amount stated on your electricity bill is ------- no later than June 14.

(A) due   (B) active

5 **subject**

● ~에 영향을 받는, ~하기 쉬운

기출 be **subject** to additional charges
추가 요금에 영향을 받을 수 있다

be **subject** to change without notice
공지 없이 변경될 수 있다

All ferry departure times are ------- to change in accordance with weather conditions.

(A) general   (B) subject

6 **designed**

design v. 고안하다, 디자인하다

● 고안된

기출 food **designed** to do
~하기 위해 고안된 음식

be specifically **designed** for
~을 위해 특별히 고안되다

Ergo Solutions manufactures office desks and chairs ------- to improve posture and blood circulation.

(A) designed   (B) progressed

7 successful

● 성공적인

success n. 성공(작)
successfully ad. 성공적으로
succeed v. 성공하다, ~의 뒤를 잇다

기출 make our products **successful**
우리의 제품들을 성공적으로 만들다

good ideas for **successful** writing
성공적인 글쓰기를 위한 좋은 아이디어들

The Turning of the Leaves is author Richard Dean's most ------- novel yet.

(A) successful   (B) wealthy

8 additional

● 추가적인

add v. 추가하다
addition n. 추가 (인원), 추가하는 것
additionally ad. 추가적으로, 게다가

기출 if you need **additional** information
추가 정보가 필요하다면

take the following **additional** steps
다음 추가 조치를 취하다

Over the coming months, the accountant hopes to find ------- ways to reduce our business expenses.

(A) additional   (B) approximate

9 pleased

● 기쁜, 즐거운

pleasure n. 즐거움
pleasant a. 쾌적한
please v. ~을 즐겁게 하다
pleasing a. 기쁨을 주는

기출 be **pleased** to offer a new service
새로운 서비스를 제공하게 되어 기쁘다

be **pleased** to announce that
~라는 것을 알리게 되어 기쁘다

Local residents were ------- to hear that the city council listened to their concerns regarding the construction proposal.

(A) pleased   (B) settled

10 current

currently ad. 현재

- 현행의, 현재의

  기출 follow the **current** regulations
  현행 규정을 따르다

  obtain the **current** schedule
  현재의 일정표를 얻다

  Several dishes on our ------- menu are likely to be discontinued based on feedback from our diners.

  (A) consistent   (B) current

11 based

basis n. 기반, 기초, 토대

- ~에 기반한(on), 본사를 둔(in)

  기출 **based** on our review of
  ~의 후기에 기반한

  based in Wellington
  웰링턴에 본사를 둔

  Next month, Mr. Senna will join a technology company ------- in San Francisco.

  (A) based   (B) approved

12 interested

interesting a. 흥미로운

- 관심이 있는

  기출 be **interested** in receiving the training
  교육을 받는 데 관심이 있다

  interested in the sales job
  영업 직무에 관심이 있는

  Gym members who are ------- in attending our new yoga classes may sign up on our Web site.

  (A) interested   (B) advanced

13 **possible**

possibility n. 가능성
possibly ad. 아마도

● 가능한

기출 make A **possible** in some areas
일부 지역에서 A를 가능하게 하다

possible through brilliant marketing
훌륭한 마케팅을 통해 가능한

Mr. Brown intends to start up his business in any way
-------, even if he needs to take out a sizable bank loan.

(A) possible   (B) valuable

14 **limited**

limit n. 제한, 한도
limitation n. 제약, 한계
unlimited a. 한도가 없는, 무제한의

● 제한된, 한정된

기출 for a **limited** time only 제한된 시간 동안만

as seating is **limited** 좌석 수가 한정되어 있으므로

Half-price tickets for Honeydew Amusement Park are
available for a ------- time only.

(A) limited   (B) speedy

15 **main**

mainly ad. 주로

● 주요한

기출 the **main** selling point for ~에 대한 주요한 장점

The emergence of artificial intelligence is the -------
theme of the current art exhibition at AX Gallery.

(A) high   (B) main

16 **necessary**

necessitate v. 필요하게 만들다
necessarily ad. 반드시

● 필수적인, 필요한

기출 The online store was becoming **necessary**.
온라인 매장이 필수적인 것으로 되었다.

Please ensure that you include all ------- documents
when submitting your application for a construction
permit.

(A) necessary   (B) apparent

17 **previous**

- 이전의

  기출 ignore the **previous** message
  이전 메시지를 무시하다

  on the basis of **previous** purchases
  이전 구매에 기반하여

  This year's music festival will feature 45 more
  performers than the ------- one did.

  (A) adjacent   (B) previous

18 **popular**

popularity n. 인기

- 인기 있는

  기출 **popular** among tourists
  관광객들 사이에서 인기 있는

  the most **popular** ever
  여지껏 가장 인기 있는

  Our new range of sports shoes is becoming
  increasingly ------- with teenagers.

  (A) popular   (B) numerous

19 **effective**

effectively ad. 효과적으로
effect n. 영향
effectiveness n. 효과(성)

- 효과적인, 시행되는

  기출 highly **effective** measures to reduce costs
  비용을 줄일 매우 효과적인 조치들

  effective October 4
  10월 4일부터 시행되는

  According to a recent article in *Business Weekly*, one
  of the most ------- marketing strategies is social media
  advertising.

  (A) effective   (B) successive

20 leading

leader n. 지도자, 리더
lead v. 초래하다(to), 이끌다

● 선도적인, 주도적인

기출 become a **leading** manufacturer
선도적인 제조사가 되다

a **leading** supplier
선도적인 공급업체

Since its founding ten years ago, Ebbon Manufacturing has become a ------- producer of microchips.
(A) leading   (B) continuing

21 upcoming

● 다가오는, 곧 있을

기출 questions about the **upcoming** installation
다가오는 설치 작업에 대한 질문들

do research for one's **upcoming** novel
곧 나올 소설에 대한 조사를 하다

Ms. Gellatly plans to hire more part-time workers to deal with demand during the ------- festive shopping period.
(A) upcoming   (B) potential

22 convenient

convenience n. 편리, 편의
conveniently ad. 편리하게

● 편리한, 편한

기출 offer **convenient** customer service hours
편리한 고객 서비스 시간을 제공하다

time that would be **convenient** for all
모두에게 편할 시간

The Almond Hotel is in an extremely ------- location for those planning to attend an event at the conference center.
(A) competent   (B) convenient

23 **accessible**

- 접근 가능한, 이용 가능한

  기출 easily **accessible** by bus
  버스로 쉽게 접근 가능한

  accessible only to customers with identification
  신분증을 가진 고객들만 이용 가능한

  Conference notes and presentation slides will be ------- on our Web site following the event.

  (A) accessible   (B) responsible

24 **various**

vary v. 다양하다, 변하다
variation n. 변화
variable a. 변하기 쉬운, 가변적인

- 다양한

  기출 offer tenants **various** conveniences
  세입자들에게 다양한 편의시설을 제공하다

  various health-care services
  다양한 의료 복지 서비스

  Tents manufactured by Ventron come in ------- colors and sizes.

  (A) various   (B) relative

25 **residential**

residence n. 집, 주택
resident n. (거)주민
reside v. 거주하다

- 주거의

  기출 include some **residential** services
  몇몇 주거 서비스를 포함하다

  traditionally known as a **residential** area
  전통적으로 주거 지역으로 알려진

  Ashcroft City Council plans to convert the land behind the bus station into a ------- district containing 85 houses.

  (A) habitual   (B) residential

26 acceptable

- 받아들일 수 있는, 괜찮은, 만족스러운

  기출 other acceptable forms of payment
  받아들여질 수 있는 다른 지불 유형들

  Please let me know whether the new date is acceptable.
  새로운 날짜가 괜찮으신지 저에게 알려주시기 바랍니다.

  Please ensure that the interview date and time are ------- and contact us if you wish to make any changes.
  (A) capable　　　　　(B) acceptable

27 vulnerable

vulnerability n. 취약점

- 취약한, 무방비인

  기출 be more vulnerable to damage
  훼손에 더 취약하다

  be vulnerable to changes
  변화에 무방비이다

  Our patio furniture is ------- to mold if it is not maintained properly using appropriate protective varnish.
  (A) delicate　　　　　(B) vulnerable

28 timely

- 때에 알맞은, 신속한

  기출 in a timely manner
  제때에

  In accordance with company policy, you must submit requests for vacation leave to your manager in a ------- manner.
  (A) timely　　　　　(B) near

29 inaccurate

- 잘못된, 부정확한

  기출 find **inaccurate** details
  잘못된 세부사항을 발견하다

  inaccurate information on labels
  라벨에 있는 부정확한 정보

  An error on the Euro Rail Web site resulted in the posting of ------- departure times for several trains.

  (A) inaccurate   (B) intensive

30 desired

desire v. 바라다, 요구하다

- 원하는, 바람직한

  기출 have the **desired** effect on
  ~에 대해 원하는 효과를 가지다

  Use the remote control to set the water to your ------- temperature before getting into the hot tub.

  (A) organized   (B) desired

31 reliable

reliably ad. 확실히
reliability n. 믿음직함, 신뢰도

- 믿을 만한, 신뢰할 수 있는

  기출 offer **reliable** transportation
  믿을 만한 교통편을 제공하다

  provide **reliable** products at an affordable price
  알맞은 가격으로 신뢰할 수 있는 제품을 제공하다

  Most local residents agree that the subway system is the most ------- form of public transportation in the city.

  (A) skilled   (B) reliable

32 **efficient**

efficiency n. 효율(성)
efficiently ad. 효율적으로

● 효율적인

기출 designed to be more **efficient**
더욱 효율적이기 위해 고안된

be more **efficient** for workers
근로자들에게 더 효율적이다

The HR manager has created an ------- system that allows employees to request annual leave days through the Intranet.
(A) eager   (B) efficient

33 **unable**

● ~할 수 없는

기출 be **unable** to attend the meeting
회의에 참석할 수 없다

be **unable** to offer you a contract
귀하에게 계약을 제안할 수 없다

Employees who are ------- to attend the training workshop will receive the presentation slides by e-mail.
(A) absent   (B) unable

34 **related**

related to prep. ~와 관련된

● 관련된

기출 have **related** work experience
관련된 근무 경력을 가지다

other **related** paperwork
다른 관련된 서류 작업

Applicants for the laboratory manager position must have a degree in biotechnology or a ------- area of study.
(A) related   (B) prepared

35 **eligible**

eligibility n. 적임, 적격

- 자격이 있는

기출 be **eligible** for renewal
갱신의 자격이 있다

be **eligible** to apply for the manager position
관리자 직책에 지원할 자격이 있다

Factory workers who work after 7 PM are ------- for the overtime pay.

(A) compatible　　　　(B) eligible

36 **initial**

initially ad. 초기에, 처음에

- 초기의, 처음의

기출 the **initial** findings
초기 발견 내용

the **initial** shipment of books
도서에 대한 일차 발송

The company expects to cover the ------- start-up costs within 6 months of operation.

(A) forward　　　　(B) initial

37 **satisfied**

satisfaction n. 만족

- 만족하는

기출 be completely **satisfied** with the purchase
구매품에 완전히 만족하다

reviews from **satisfied** customers
만족한 고객들의 후기들

If you are not completely ------- with your purchase, you may return it for a refund within ten days.

(A) acquainted　　　　(B) satisfied

38 expensive

expense n. 비용

• 비싼

기출 the need for **expensive** repairs
비싼 수리의 필요성

offer a less **expensive** alternative
덜 비싼 대안을 제공하다

Although enrolling employees in training courses is
-------, the CEO believes it will benefit the company
overall.

(A) cautious   (B) expensive

39 sufficient

sufficiently ad. 충분히

• 충분한

기출 produce **sufficient** electricity
충분한 전기를 생산하다

sufficient time to address mistakes
실수를 처리할 충분한 시간

According to the real estate agent, the office building
has ------- space for at least 150 employees.

(A) sufficient   (B) frequent

40 beneficial

beneficially ad. 유익하게
benefit n. 이점, 혜택

• 이로운, 유익한

기출 **beneficial** to the community
지역사회에 이로운

beneficial in several ways
여러 방면으로 유익한

The new employee incentive scheme has had a highly
------- effect on overall staff productivity.

(A) abundant   (B) beneficial

DAILY QUIZ

단어와 그에 알맞은 뜻을 연결해 보세요.

1 based   •   • (A) 다가오는, 곧 있을

2 upcoming   •   • (B) 최근의

3 recent   •   • (C) ~에 기반한, ~에 본사를 둔

빈칸에 알맞은 단어를 선택하세요.

4 offer ------- transportation
   믿을 만한 교통편을 제공하다

5 as seating is -------
   좌석 수가 한정되어 있으므로

   (A) satisfied
   (B) additional
   (C) reliable
   (D) limited

6 take the following ------- steps
   다음 추가 조치를 취하다

앞서 배운 단어들의 뜻을 생각하면서, 다음 문제를 풀어보세요.

7 The pedestrian footbridge near Milton High School is not ------- because of dangerous black ice.

   (A) raised   (B) accessible
   (C) critical   (D) profitable

8 The proposed design of the waterfront area is ------- to view online on the City Hall Web site.

   (A) available   (B) frequent
   (C) considerable   (D) helpful

정답 1 (C) 2 (A) 3 (B) 4 (C) 5 (D) 6 (B) 7 (B) 8 (A)

29

1 **confidential**

confidentiality n. 기밀성

- 기밀의

  기출 all **confidential** documents 모든 기밀 문서들
  remain **confidential** 기밀인 상태로 남아 있다

  Health clinic employees must keep all patient
  information ------- in accordance with the clinic's
  policy.
  (A) confidential   (B) mandatory

2 **damaged**

damage v. 손상시키다
         n. 손상

- 손상된

  기출 ship the **damaged** item 손상된 상품을 배송하다
  damaged in transit 운송 중에 손상된

  The shipment of coffee mugs arrived ------- due to the
  items being improperly packaged.
  (A) assembled   (B) damaged

3 **valid**

validate v. 유효하게 하다, 입증하
          다
validation n. 유효성

- 유효한

  기출 present a **valid** identification card
       유효한 신분증을 제시하다

  be **valid** for two years
       2년 동안 유효하다

  Vehicles may only be parked in the east parking lot if
  a ------- parking permit is clearly displayed.
  (A) valid   (B) direct

4 likely

- 가망 있는, ~할 것 같은

  기출 **likely** winner of next week's election
  다음 주 선거에서의 가망 있는 당선자

  be **likely** to differ among departments
  부서마다 다를 것 같다

  Mr. Venson believes that guests are ------- to approve of the changes to the room service menu.
  (A) firstly   (B) likely

5 positive

positively ad. 긍정적으로

- 긍정적인

  기출 receive **positive** responses from readers
  독자들로부터 긍정적인 반응을 받다

  positive comments from customers
  고객들로부터의 긍정적인 논평

  The new movie starring James Metcalfe has received generally ------- reviews from the majority of critics.
  (A) certain   (B) positive

6 appropriate

appropriately ad. 적절하게

- 적절한, 적합한

  기출 must wear the **appropriate** safety gear
  반드시 적절한 안전 장비를 착용하다

  recommend an **appropriate** system
  적합한 시스템을 추천하다

  All those joining the company hike this weekend are reminded to wear ------- footwear and sunscreen.
  (A) appropriate   (B) cautious

7 affordable

afford v. (경제적, 시간적) 여유가
있다
affordably ad. 감당할 수 있게
affordability n. 감당할 수 있는
비용

- (가격이) 적당한, 알맞은

  기출 become **affordable** for most people
  대부분의 사람들에게 가격이 적당해지다

  offer customers **affordable** holiday packages
  고객들에게 가격이 적당한 휴일 패키지 여행을 제공하다

  Due to the introduction of various basic models,
  mobile phones have finally become ------- for almost
  everyone.

  (A) comparable   (B) affordable

8 impressive

impress v. 깊은 인상을 주다
impression n. 인상, 감명
impressively ad. 인상 깊게

- 인상 깊은, 인상적인

  기출 **impressive** economic growth in the region
  지역에서의 인상 깊은 경제 성장

  Corona Coffee Shop has an ------- range of pastries
  and sandwiches.

  (A) impressive   (B) favorite

9 notable

note v. 주목하다
notably ad. 현저하게, 뚜렷하게

- 유명한, 주목할 만한

  기출 **notable** economist
  유명한 경제학자

  be **notable** for its extensive use
  광범위한 사용으로 주목할 만하다

  The judging panel at the independent film festival will
  include several ------- directors and actors.

  (A) notable   (B) customary

10 **brief**

briefly ad. 짧게, 간단히

● 잠깐의, 간단한

기출 a **brief** absence
잠깐의 부재

write a **brief** report on the research
연구에 대한 간단한 보고서를 쓰다

The training workshop will stop for a -------
refreshment break at 2:30 PM.

(A) recent   (B) brief

11 **unique**

● 독특한, 특이한

기출 develop a **unique** process for
~하기 위한 독특한 공정을 개발하다

launch a **unique** online service
특이한 온라인 서비스를 출시하다

Aero Technologies is known for developing -------
mobile applications that are used all over the world.

(A) unique   (B) skilled

12 **accurate**

accuracy n. 정확도
accurately ad. 정확하게

● 정확한

기출 contain an **accurate** description
정확한 설명을 포함하다

The national park's Web site provides -------
information regarding the length and difficulty of
hiking trails.

(A) gradual   (B) accurate

13 confident

confidence n. 자신(감), 신뢰

- 확신하는, 자신 있는

기출 be confident that ~라는 것을 확신하다

The city council remains ------- that the street parade will take place as planned despite bad weather.

(A) confident   (B) obvious

14 skilled

skill n. 기술

- 능숙한, 숙련된

기출 especially skilled at negotiation
협상에 특히 능숙한

Boreham Corporation intends to recruit over 250 ------- workers for its new factory in Exeter.

(A) raised   (B) skilled

15 aware

awareness n. 의식

- (내용을) 알고 있는, (사실에) 유의하는

기출 make people more aware of the brand
사람들이 그 브랜드에 대해 더 많이 알도록 만들다

Please be aware that ~.
~라는 것에 유의하시기 바랍니다.

Members of Hinckley Library need to be ------- that there is a charge for overdue books.

(A) aware   (B) known

16 ongoing

- 계속되는, (현재) 진행 중인

기출 as a result of ongoing problems
계속되는 문제들의 결과로서

Sirius Telecom wishes to apologize for the ------- disruption to your broadband service.

(A) ongoing   (B) limited

17 **rising**

rise v. 상승하다, 증가하다
n. 상승, 증가

● 상승하는, 증가하는

기출 **rising** demand for sportswear
상승하는 스포츠 의류에 대한 수요

due to **rising** production costs
증가하는 생산비로 인해

Market experts have noticed ------- demand for
affordable television streaming services.

(A) profitable   (B) rising

18 **complimentary**

● 무료의

기출 attach **complimentary** dinner coupons
무료 저녁식사 쿠폰을 첨부하다

All convention attendees have access to -------
transportation from a variety of downtown hotels.

(A) complimentary   (B) subsequent

19 **internal**

internally ad. 내부적으로

● 내부의

기출 **internal** inquiry
내부 문의

consider **internal** applicants
내부 지원자들을 고려하다

The management positions will be filled through
------- recruitment rather than posting the vacancies
online.

(A) internal   (B) preferable

20 comfortable

comfortably ad. 편안하게

- 편안한

  기출 be more comfortable than the old one
  예전의 것보다 더 편안한

  more comfortable for patients
  환자들을 위해 더욱 편안한

  The lobby of the Regent Hotel contains several ------- sofas and armchairs for guests.

  (A) cautious   (B) comfortable

21 eager

eagerly ad. 열망하여, 열심히

- 간절히 바라는, 열망하는

  기출 eager to expand its business in South America
  남미에서의 사업을 확장하는 것을 간절히 바라는

  be eager to form business relationships
  사업적 관계를 형성하기를 열망하다

  Jeff Brightman is an experienced music video director ------- to direct his first full motion picture.

  (A) eager   (B) relative

22 essential

essentially ad. 필수적으로

- 필수적인

  기출 be essential for maintaining steady production
  꾸준한 생산량을 유지하기 위해 필수적이다

  It is essential that~. ~라는 점은 필수적이다.

  A professional, well-designed Web site is ------- for any business to become successful.

  (A) essential   (B) initial

23 **familiar**

familiarize v. 익숙하게 하다

● 익숙한, 친숙한

기출 become **familiar** with the details
세부사항에 익숙해지다

be **familiar** with the city's transportation
도시의 교통편에 익숙해지다

Mr. Ruiz will continue conducting weekly training workshops until all staff are ------- with the new database system.

(A) typical   (B) familiar

24 **knowledgeable**

knowledge n. 지식

● 박식한

기출 be **knowledgeable** about art
미술에 대해 박식하다

be **knowledgeable** in one's field
~의 분야에서 박식하다

The wait staff at Jumba Restaurant are extremely ------- about local ingredients and wine.

(A) knowledgeable   (B) distinctive

25 **steady**

steadily ad. 꾸준히

● 꾸준한

기출 remain **steady** over the past four quarters
지난 4분기 동안 꾸준한 상태이다

maintain **steady** sales
꾸준한 매출을 유지하다

Property market experts have noted a ------- increase in house prices in Glen Valley and the surrounding area.

(A) steady   (B) sturdy

26 unexpected

unexpectedly ad. 예상치 못하
게

● 예상치 못한

기출 receive an **unexpected** bonus
예상치 못한 보너스를 받다

due to the **unexpected** delay
예상치 못한 지연으로 인해

Due to ------- travel delays, the Japanese clients will
not arrive at the factory until 4 PM.

(A) unexpected   (B) indefinite

27 superior

superiority n. 우수, 우월성

● 우수한

기출 one's **superior** analytical skills
~의 우수한 분석 능력

make A **superior** to other leading brands
다른 선도적인 브랜드들보다 A를 우수하게 만들다

Tiara Catering is known for its ------- menus and
excellent customer service.

(A) superior   (B) absolute

28 equal

equally ad. 동등하게

● 동등한(to)

기출 be nearly **equal** to
~와 거의 동등하다

The annual profits of our Everley branch have finally
become ------- to those of our flagship store.

(A) equal   (B) high

29 comparable

비교할 만한

compare v. 비교하다
comparison n. 비교

기출 comparable quality on the market
시장에서 비교할 만한 품질

The new mobile phones launched by Salazar and Indigo offer ------- features and value for money.

(A) comparable   (B) separate

30 functional

작동하는, 가동 중인

function v. 기능하다
n. 기능

기출 remain functional
작동하는 상태이다

appear to be functional
가동 중인 것으로 보인다

The CEO expects the manufacturing plant to be fully ------- by April 20.

(A) functional   (B) appropriate

31 proposed

제안된

propose v. 제안하다
proposal n. 제안(서)

기출 proposed renovation project
제안된 보수공사 프로젝트

near the proposed site of a new shop
새로운 매장의 제안된 부지 근처에

The client is satisfied with the architect's ------- changes to the airport blueprint.

(A) obliged   (B) proposed

32 dependent

dependently ad. 의존적으로

● 의존하는

기출 be **dependent** on the inspection results
검사 결과에 의존하다

The destination for the staff excursion is heavily -------
on the budget allocated by the finance manager.

(A) subsequent   (B) dependent

33 exceptional

exception n. 예외
exceptionally ad. 예외적인 경우
에만, 유난히

● 우수한, 특출난, 예외적인

기출 show **exceptional** performance
우수한 성과를 보여주다

win awards for one's **exceptional** work
~의 특출난 작업으로 상을 타다

Employees who show ------- work ethic and
productivity are rewarded with an annual bonus.

(A) exceptional   (B) eventual

34 apparent

apparently ad. 명백히

● 명백한

기출 become **apparent** that ~라는 것이 명백해지다

There is no ------- difference between the two
candidates.

(A) apparent   (B) current

35 seasonal

● 계절의, 계절적인

기출 include **seasonal** fruits 계절 과일을 포함하다

Fifty part-time employees have been hired in
our branches to help us cope with ------- demand
throughout December.

(A) seasonal   (B) equal

36 **durable**

- 내구성이 좋은, 오래 견디는

  기출 **durable** material
  내구성이 좋은 자재

  The Ridgeback Trail shoes are suitable for long hikes thanks to their ------- soles.
  (A) consumable   (B) durable

37 **relevant**

relevance n. 관련성

- 관련된

  기출 at least two years of **relevant** work experience
  적어도 2년의 관련 근무 경력

  be accompanied by **relevant** receipts
  관련 영수증을 첨부하다

  A series of training workshops -------- to our employees' job duties will be held during January.
  (A) competent   (B) relevant

38 **vacant**

vacancy n. 공석, (채용 중인) 일자리

- 비어 있는

  기출 purchase a **vacant** store
  비어 있는 상점을 매입하다

  The Sidmouth Concert Center hopes to expand its parking capacity by purchasing the ------- land behind the venue.
  (A) busy   (B) vacant

39 casual

- 편안한, 우연한

  기출 take a **casual** walk
  편안한 산책을 하다

  As part of the new office policy, staff may wear -------
  clothing on the last Friday of each month.

  (A) casual　　　　　　　(B) loose

40 prospective

prospect n. 전망

- 잠재적인, 가망이 있는

  기출 **Prospective** employees must possess ~.
  잠재적인 직원들은 반드시 ~을 갖춰야 한다.

  Before joining the badminton club, each -------
  member must first attend a practice session.

  (A) evident　　　　　　　(B) prospective

DAILY QUIZ

단어와 그에 알맞은 뜻을 연결해 보세요.

1 internal •   • (A) 기밀의

2 confidential •   • (B) 내부의

3 equal •   • (C) 동등한

빈칸에 알맞은 단어를 선택하세요.

4 attach ------- dinner coupons
   무료 저녁식사 쿠폰을 첨부하다

5 become ------- for most people
   대부분의 사람들에게 가격이 적당해지다

| (A) affordable |
| (B) proposed |
| (C) vacant |
| (D) complimentary |

6 ------- renovation project
   제안된 보수공사 프로젝트

앞서 배운 단어들의 뜻을 생각하면서, 다음 문제를 풀어보세요.

7 As a world-famous director, Mr. Lloyd has been widely recognized for his
   -------- contributions to theater.

   (A) severe   (B) established
   (C) abnormal   (D) exceptional

8 To park a vehicle in the South Street parking lot, individuals must display a
   ------- country club membership card.

   (A) valid   (B) direct
   (C) gradual   (D) prolific

정답 1 (B) 2 (A) 3 (C) 4 (D) 5 (A) 6 (B) 7 (D) 8 (A)

1 **personal reason** ● 개인 사유

> 기출 **personal** information 개인 정보
>
> **personal** belongings 개인 물품

Employees are not allowed to use company property for ------- reasons.

(A) unlimited   (B) personal

2 **excessive amount** ● 과도한 양

> 기출 **excessive** waste of raw materials
> 과도한 원자재 쓰레기
>
> **excessive** inventory
> 과잉 재고

Most drivers are not interested in Vorcon Motors' SUVs because of the ------- amount of gasoline they consume.

(A) exciting   (B) excessive

3 **full capacity** ● 최고 성능, 전면 가동, 최대 수용 인원

> 기출 seating **capacity** 좌석 수용력
>
> manufacturing **capacity** 제조 성능

Many of the riverside hotels are expected to operate at full ------- during the peak tourist season this year.

(A) capacity   (B) price

4 **fresh vegetables** • 신선한 채소

기출 fresh meals
신선한 식사

Logan Farm is proud of providing the ------- vegetables to our customers.

(A) clearest   (B) freshest

5 **scenic view** • 아름다운 경치

기출 scenic coastal route
경치가 좋은 해안로

Mr. Glonting prefers to take the train for business trips as he enjoys the ------- views of the countryside.

(A) recent   (B) scenic

6 **substantial contribution** • 상당한 기여

기출 substantial number
상당 수

substantial changes
상당한 변화

substantial donations
상당한 기부(금)

Mr. Oliver Hardy has made a ------- contribution to the company and fully deserves his recent promotion.

(A) mutual   (B) substantial

만점 TIP

· 형용사 substantial은 large, considerable, significant 등과 바꾸어 쓸 수 있다.

7 numerous activities

- 수많은 활동들

  기출 numerous supplies 수많은 공급업체들

  numerous copies 수많은 사본들

  Our summer package offers ------- outdoor activities for businesses and organizations.

  (A) capable   (B) numerous

  만점 TIP
  - 형용사 numerous는 수가 강조되는 복수명사를 수식한다.

8 extensive changes

- 폭넓은 변화

  기출 extensive experience 폭넓은 경험

  extensive knowledge 폭넓은 지식

  extensive analysis 폭넓은 분석

  Manley Industries will make ------- changes to its production practices to increase efficiency.

  (A) extensive   (B) accurate

  만점 TIP
  - 형용사 extensive는 large, wide, comprehensive 등과 바꾸어 사용할 수 있다.

9 exclusive access

- 독점적인 이용(권)

  기출 exclusive interview 독점 인터뷰

  exclusive property 독점적인 자산

  Ray Jones Gym members get ------- access to a wide range of fitness classes led by experienced instructors.

  (A) exclusive   (B) creative

extended warranties

● 연장된 품질 보증 기간

기출 extended hours
연장된 영업 시간

extended deadline
연장된 마감기한

extended vacation time
연장된 휴가 기간

AK Electronics has decided to offer ------- warranties to its customers with no additional fees.

(A) extended   (B) defective

---

major investment

● 중대한 투자, 규모가 큰 투자금

기출 a major portion of ~의 (절반 이상) 대부분

major exporter 주요 수출업자

The development of infrastructure requires ------- investment, both in terms of financial resources and dedicated personnel.

(A) major   (B) social

만점 TIP
· 형용사 major가 기업이나 사람 앞에 쓰이면 '중요한, 주요한'의 의미이고, 행위나 사물 앞에 쓰이면 '(규모가) 큰'이라는 뜻이다.

---

valuable suggestion

● 귀중한 제안

기출 valuable information 귀중한 정보

valuable insight 귀중한 통찰력

The S&B Retailer Group is seeking ------- suggestions about improving customer satisfaction and loyalty.

(A) recent   (B) valuable

13 completed job application

- 완성된 입사 지원서

  `기출` completed form 완성된 양식

  completed documents 완성된 문서

  Please submit your ------- job application to the human resources office by e-mail by August 15.

  (A) delayed   (B) completed

14 advanced technology

- 고급 기술

  `기출` advanced skill
  고급 기술

  advanced college degrees
  고급 대학 학위

  advanced user
  상급 사용자

  Rogan Logistics recently adopted ------- technology to track its shipments in real time.

  (A) numerous   (B) advanced

15 prior authorization

- 사전 허가

  `기출` prior approval 사전 승인

  prior experience 이전 경력

  Employees must obtain ------- authorization before sharing any information about their work on social media.

  (A) prior   (B) calm

16 experienced technical workers

- 숙련된 기술자들, 경험이 많은 기술직 직원들

  기출 experienced graphic designers
  숙련된 그래픽 디자이너들

  experienced managers
  경험이 많은 관리자들

  We are currently hiring several highly ------- technical workers who will work in our branch offices.

  (A) remaining   (B) experienced

17 routine inspection

- 정기 점검

  기출 routine maintenance checks 정기적인 유지보수 점검
  routine practice 주기적인 관행
  routine tasks 일상적인 업무

  The department of workplace safety will conduct a ------- inspection of our machinery at Olsen Manufacturing.

  (A) routine   (B) opposed

18 a wide selection of

- 아주 다양한

  기출 a wide variety of
  아주 다양한

  a wide range of
  아주 다양한

  Blue Skyline provides a ------- selection of sporting goods, such as athletic footwear and football jerseys.

  (A) various   (B) wide

  만점 TIP
  · 형용사 wide가 '다양한, 많은'의 뜻을 가질 때는 broad로 바꾸어 쓸 수도 있다.

19 updated training schedule

- 최신 교육 일정

  기출 **updated** version
  최신 개정판

  updated employee manual
  최신 직원 안내서

  The ------- training schedule has been reposted on the company Web site due to a scheduling conflict.
  (A) excited   (B) updated

20 limited access

- 제한된 접근 권한

  기출 for a **limited** (period of) time
  제한된 시간 동안

  limited seating
  한정된 좌석 수

  limited supplies
  한정된 공급품

  Temporary employees are only granted ------- access to the confidential customer database.
  (A) limited   (B) similar

21 supplemental information

- 보충 정보

  기출 **supplemental** documentation 보충 서류

  Please refer to the ------- information provided in the appendix for further details on the agreement.
  (A) supplemental   (B) potential

  만점 TIP
  형용사 supplemental이 '보충의, 추가적인'의 뜻으로 사용될 때 supplementary로 바꾸어 사용되기도 한다.

22 public meeting • 공청회, 공개 회의

기출 public comment
대중적인 의견

Millhaven City Council will hold a ------- meeting to
give residents a chance to share their opinions.
(A) future　　　　　　　(B) public

23 high standards • 높은 기준들

기출 high quality 높은 품질
high price 높은 가격
high priorities 높은 우선순위

The company handbook outlines the high ------- that
the employees are expected to meet every day.
(A) recommendations　(B) standards

**24 exemplary
performance** • 모범적인 성과, 본보기가 될 만한 성과

기출 exemplary leadership
모범적인 지도력

Dominique Sato was honored with the Employee of
the Year award for her ------- performance on the job.
(A) exemplary　　　　　(B) dependent

25 dedicated employee

- 헌신적인 직원

  기출 a dedicated sales team 헌신적인 영업팀

  The Diamond Group's ------- employees recorded their highest sales last week.

  (A) dedicated   (B) introduced

  만점 TIP
  형용사 dedicated가 기업이나 활동을 나타내는 명사를 수식할 때는 '(~ 분야/활동에) 전념하는'으로 해석하고, 회사의 구성원을 수식할 때는 '(조직에) 헌신하는'으로 해석한다.

26 comprehensive warranty

- 종합적인 제품 보증

  기출 comprehensive directory
  종합적인 안내 책자

  comprehensive care
  포괄적인 관심

  comprehensive study
  포괄적인 연구

  Our new plan includes a ------- warranty that covers damage to both your computer and your monitor.

  (A) comprehensive   (B) knowledgeable

27 prestigious award

- 명망 있는 상

  기출 prestigious medal 명망 있는 훈장

  Ms. Gomez has received the ------- International Writers Award for her extraordinary contribution to the art of storytelling.

  (A) vigorous   (B) prestigious

28 heavy call volumes

- 과도한 통화량

  기출 **heavy** usage
  과도한 사용량

  heavy rain
  폭우

  Due to ------- call volumes at our customer service center, you may need to wait to speak with an operator.

  (A) heavy　　　　　　(B) lengthy

29 coming year

- 다음 해, 내년

  기출 in the **coming** month 다음 달에

  The main aim of tomorrow's staff meeting is to set up our sales targets for the ------- year.

  (A) occurring　　　　(B) coming

30 rapid changes

- 빠른 변화

  기출 **rapid** growth
  빠른 성장

  rapid evolution
  빠른 진화

  Mr. Larry Wilkins is expected to be honored for making ------- changes to our manufacturing processes.

  (A) eager　　　　　　(B) rapid

31 innovative design

- 혁신적인 디자인

  기출 **innovative** television commercials
  혁신적인 TV 광고

  innovative cost-cutting measure
  혁신적인 비용 절약 조치

  innovative approach
  혁신적인 접근

  Sweet Sounds Inc.'s research team was recognized for the ------- design of the car stereo system it developed.

  (A) innovative   (B) various

32 lasting impact

- 지속적인 영향

  기출 **lasting** effect 지속적인 효과

  lasting impression 오래가는 인상

  The Internet is considered to be the greatest invention that has had a ------- impact on the spread of knowledge.

  (A) private   (B) lasting

33 outstanding contribution

- 뛰어난 기여

  기출 **outstanding** work 뛰어난 작업(물)

  outstanding service 훌륭한 서비스

  outstanding effort 훌륭한 노력

  Dr. Roy Benson has received the award for his ------- contribution to the development of a new engine.

  (A) approaching   (B) outstanding

  만점 TIP
  형용사 outstanding은 주로 공헌 또는 업적을 나타내는 명사를 수식하는데, 이때 exceptional, impressive, superb 등의 단어와 바꾸어 쓸 수 있다.

34 qualified applicant

- 자격을 갖춘 지원자

  기출 **qualified** graphic artist
  자격을 갖춘 그래픽 예술가

  All ------- candidates for the production manager position should submit their résumés by October 15.

  (A) qualified　　　　(B) beneficial

35 detailed information

- 상세 정보

  기출 **detailed** descriptions
  상세한 설명

  detailed reviews
  상세한 후기

  detailed manual
  상세한 사용설명서

  ------- information about the actors participating in the theatrical performance is included in the pamphlet.

  (A) Detailed　　　　(B) Experienced

36 reasonable prices

- 합리적인 가격

  기출 **reasonable** rates 합리적인 요금

  　a **reasonable** amount of time 적절한 시간

  Our goal is to offer products and services of the highest quality at the most ------- prices.

  (A) valuable　　　　(B) reasonable

  만점 TIP
  형용사 reasonable은 지불하는 사람의 능력에 따라 그 수준이 달라지지만, 비슷한 의미를 가진 affordable은 누구라도 지불할 만큼 저렴한 것을 나타낸다.

37 competitive salaries

● 경쟁력 있는 급여

기출 competitive compensation 경쟁력 있는 보상
competitive rates 경쟁력 있는 요금
competitive advantage 경쟁력 있는 장점

Smart Eats offers ------- salaries to those who have previously worked in food distribution.
(A) competitive (B) protective

38 defective merchandise

● 결함 있는 상품

기출 defective item 결함 있는 상품
defective garment 결함 있는 의류

All our new products come with a two-year warranty, and we will replace any ------- merchandise at no extra cost.
(A) defective (B) expensive

39 enclosed contract

● 동봉된 계약서

기출 enclosed order slip 동봉된 주문서

Please read the ------- contract very carefully before you sign it to avoid any misunderstandings.
(A) enclosed (B) surrounding

40 final phase

● 최종 단계

기출 the first phase 첫 단계

In the final ------- of market research testing, patients preferred the wooden game pieces to the plastic ones.
(A) opinion (B) phase

만점 TIP
· 명사 phase가 들어갈 자리에 stage를 사용하기도 한다.

DAILY QUIZ

콜로케이션과 그에 알맞은 뜻을 연결해 보세요.

1 final phase •   • (A) 과도한 양

2 extended warranties •   • (B) 연장된 품질 보증 기간

3 excessive amount •   • (C) 최종 단계

빈칸에 알맞은 단어를 선택하세요.

4 ------ coastal route
경치가 좋은 해안로

5 ------ usage
과도한 사용량

(A) lasting
(B) enclosed
(C) heavy
(D) scenic

6 ------ effect
지속적인 효과

앞서 배운 콜로케이션들의 뜻을 생각하면서, 다음 문제를 풀어보세요.

7 Subscribers to the magazine get ------ access to events, such as live performances at Eastley Music Hall.

(A) exclusive   (B) unknown
(C) creative   (D) previous

8 Brittany Food was awarded a catering contract with Logan Hall Conference Center because it is known for offering quality service at a ------ price.

(A) brief   (B) reasonable
(C) limited   (D) sudden

1 **allocate**

allocation n. 할당

● v. ~을 할당하다, 배분하다

Our company understands the importance of staying competitive, so we've decided to double the budget **allocated** to research and development.

저희 회사는 경쟁력을 유지하는 것의 중요성을 잘 알고 있기에, 연구 및 개발에 할당되는 예산을 두 배로 늘리기로 결정하였습니다.

2 **invest**

investment n. 투자
investor n. 투자자

● v. 투자하다

The company's expansion plan included **investing** in real estate to establish a strong presence in key markets.

회사의 확장 계획은 주요 시장에서 강력한 입지를 구축하기 위해 부동산에 투자하는 것을 포함했습니다.

3 **prioritize**

priority n. 우선 사항

● v. 우선순위를 매기다, ~을 우선적으로 처리하다

When managing multiple commitments, it's crucial to **prioritize** and allocate time wisely.

여러 일들을 처리할 때에는, 우선순위를 정하고 시간을 현명하게 배분하는 것이 매우 중요합니다.

4 **regularly**

regular a. 규칙적인, 정기적인

● ad. 규칙적으로, 정기적으로

We meet **regularly** to hold brainstorming sessions aimed at generating innovative ideas.

우리는 정기적으로 만나 혁신적인 아이디어를 창출하기 위한 브레인스토밍 회의를 개최합니다.

⁵ **offset**

- v. ~을 상쇄하다, 충당하다

The factory workers had to work overtime to **offset** the production shortfall caused by the unexpected machine breakdown.

공장 직원들은 예상치 못한 기계 고장으로 인한 생산량 부족을 상쇄하기 위해 초과 근무를 해야 했습니다.

⁶ **as often as needed**

- 필요할 때마다

The project timeline can be adjusted **as often as needed** to accommodate any changes or unexpected challenges.

프로젝트 일정은 변경 사항이나 예상치 못한 문제 상황에 맞추기 위해 필요할 때마다 조정될 수 있습니다.

> **만점 TIP**
> · 기출 Paraphrasing
>   as often as needed → whenever necessary

⁷ **press release**

- 보도 자료

In a **press release** issued today, Triton Chemical announced that it aims to acquire GreenTech Innovations next month.

오늘 발표된 보도자료에서, 트라이톤 케미컬 사는 다음 달에 그린테크 이노베이션즈 사를 인수하는 것을 목표로 한다고 발표했습니다.

> **만점 TIP**
> · 관련 기출
>   press conference 기자 회견

8 funding

fund n. 자금, 돈
    v. 자금을 대다

● n. 자금, 재정 지원

The budget allocation for the upcoming project includes an increase in **funding** for state-of-the-art equipment.

이번 프로젝트의 예산 배정은 최첨단 장비에 대한 재정 지원을 늘린 것을 포함합니다.

9 loan

● n. 대출

Before finalizing the **loan** application, make sure to review all the terms and conditions outlined by the lender.

대출 신청을 마무리하기 전에, 대출기관이 약술한 모든 약관을 검토하십시오.

10 proceed with

● ~을 진행하다, 계속해서 하다

The legal team has reviewed the contract, and they have advised us that it's safe to **proceed with** the partnership.

법무팀이 계약서를 검토했고, 협력 계약을 진행하는 것이 안전하다고 조언했습니다.

> **만점 TIP**
> • 관련 기출
>   proceed to ~로 나아가다, 이동하다
>   proceeds 이익금, 수익금

11 take A into account

● A를 계산에 넣다, 고려[참작]하다

When making financial decisions, it's wise to **take** potential risks **into account** to protect your investments.

재정적인 결정을 내릴 때에는, 투자금을 지키기 위해 잠재적 위험을 고려하는 것이 현명합니다.

12 follow up on

- ~에 대해 후속 조치를 하다, ~을 끝까지 챙기다

After the initial meeting, I will **follow up on** the progress of the project to ensure everything is on track.

첫 회의가 끝난 후에, 모든 것이 제대로 잘 진행될 수 있도록 프로젝트 진행 상황을 끝까지 챙기도록 하겠습니다.

13 outsource

outsourcing n. 아웃소싱, 외주

- v. ~을 외부에 위탁하다

To meet the tight deadline, the work has been **outsourced** to a local freelance team with expertise in web design.

빠듯한 마감일을 맞추기 위해, 웹 디자인에 전문 지식을 갖춘 현지 프리랜서 팀에 작업을 위탁했습니다.

14 founder

- n. 창립자, 설립자

Mark, the **founder** and CEO, started the business with a small team and has since turned it into a global industry leader.

창업자이자 CEO인 마크는 작은 팀으로 사업을 시작했고 이후 그것을 세계적인 업계 선두주자로 변화시켰습니다.

> **만점 TIP**
> · 관련 기출
> '설립하다'라는 뜻의 동사는 found로서, 이때 동사변화는 found-founded-founded와 같습니다.

15 protocol

- n. 규약, 실시 요강, 프로토콜

Safety **protocols** at the Blue Garden restaurant chain were modified in order to comply with the new public health guidelines.

블루 가든 레스토랑 체인의 안전 규약은 새 공중 보건 지침을 준수하기 위해 수정되었습니다.

16 joint

jointly ad. 합동으로

a. 공동의, 합동의

The CEOs of the two companies delivered a **joint** presentation to announce their strategic partnership and future plans.

양사 CEO들은 전략적 파트너십과 향후 계획을 알리기 위해 합동 발표를 했습니다.

만점 TIP

· 관련 기출

collaborative 공동의
collaborate on ~을 공동 작업하다
cooperate with ~와 협력하다

17 as of + 일시

~부로, ~부터

As of May 1, the policy requiring employees to use the designated parking area will be implemented to improve parking management.

5월 1일부터 주차 관리 개선을 위해 직원들이 지정된 주차 구역을 의무적으로 사용하도록 하는 정책이 시행될 것입니다.

만점 TIP

· 관련 기출

= beginning + 일시, starting + 일시, effective from + 일시

18 up-to-date

a. 최신의

It's important to keep your software **up-to-date** to ensure optimal performance.

최적의 성능을 보장하기 위해서는 소프트웨어를 최신 상태로 유지하는 것이 중요합니다.

19 within budget

- 예산 범위 내에서

Despite unexpected challenges, the construction project was finished on time and **within budget**.

예상치 못한 어려움에도 불구하고, 건설 프로젝트는 제때에 예산 범위 내에서 완료되었습니다.

만점 TIP

· 관련 기출

beyond budget 예산을 초과하여
exceed the budget 예산을 초과하다

20 subcontract

- v. ~을 하도급 주다, 하청 주다

The construction company decided to **subcontract** the electrical work to a contractor with expertise in wiring and installations.

그 건설사는 전기공사를 배선과 설비에 전문성을 갖춘 업자에게 하청을 주기로 했습니다.

만점 TIP

· 관련 기출

contractor 계약자, 도급업자

21 renew a contract

- 계약을 갱신하다

The company decided to **renew the contract** with their supplier for another year to maintain a steady supply of raw materials.

그 회사는 원료의 안정적인 공급을 유지하기 위해 공급업체와 1년 더 계약을 갱신하기로 결정했습니다.

만점 TIP

· 관련 기출

supplier 공급업자

22 streamline

● v. ~을 간소화[능률화]하다

The airline introduced self-check-in kiosks to **streamline** the check-in process and reduce waiting time for passengers.

그 항공사는 체크인 절차를 간소화하고 승객들의 대기 시간을 줄이기 위해 셀프 체크인 키오스크를 도입했습니다.

> **만점 TIP**
> • 기출 Paraphrasing
>   streamline → simplify (간소화하다)

23 in effect

● 이행[발효] 중인, 시행 중인

As of January 1, the new regulations will be **in effect**, impacting how businesses handle customer data.

1월 1일부터, 새로운 규제가 시행되어 기업들이 고객 데이터를 처리하는 방식에 영향을 줄 것입니다.

> **만점 TIP**
> • 관련 기출
>   come into effect 효력이 발생하다

24 stipulate

stipulation n. 규정
stipulated a. 약정한

● v. ~을 규정하다, 명시하다

The law **stipulates** that employers must provide a safe working environment for their employees.

이 법은 고용주가 고용인들에게 안전한 근무 환경을 제공해야 한다고 규정하고 있습니다.

25 adopt

adoption n. 채택, 선정
adopted a. 채택된

● v. ~을 도입하다, 채택하다

Since **adopting** chemical-free farming methods last year, Trickle Creek Orchard has almost doubled its profit margin.

지난해 화학성분이 없는 농업 방식을 채택한 이후, 트리클 크리크 과수원은 이윤 폭이 거의 두 배로 뛰었습니다.

26 provided (that)

- 만약 ~이라면, ~이라는 조건하에

  Employees of ACE Inc. will receive a salary increase next year **provided that** their performance meets the established targets.

  에이스 사의 직원들은 그들의 성과가 정해진 목표를 달성한다면 내년에 급여 인상을 받게 될 것입니다.

27 capital

- n. 자본금, 자금

  The office will be renovated next year provided that the **capital** budget proposal is approved.

  사무실은 자본예산안이 승인된다면 내년에 보수될 것입니다.

28 strengthen

strength n. 강점

- v. ~을 강화하다

  To **strengthen** relations between the divisions, the company is implementing a series of team-building workshops.

  부서 간의 관계를 강화하기 위해, 회사는 일련의 팀 구성 워크숍을 시행하고 있습니다.

29 unveil

unveiling n. 제막식, 첫 공개

- v. ~을 공개하다, 발표하다

  We will **unveil** at least four new products to the public during the upcoming product launch event.

  곧 있을 제품 출시 행사에서는 최소 네 개의 신제품을 대중에 공개할 예정입니다.

30 **input**

- n. 조언, 투입, 입력
  v. 입력하다

  Your **input** is crucial to us, so please take a moment to provide your feedback on our new product design.
  귀하의 조언은 저희에게 매우 중요하므로, 잠시 시간을 내어 저희 신제품 디자인에 대해 의견을 주시기 바랍니다.

  > **만점TIP**
  > · 기출 Paraphrasing
  > input → advice (조언)

31 **status**

- n. (진행 과정상의) 상황

  You can easily check the **status** of your order by entering your order number on our website.
  당사 웹사이트에서 주문번호를 입력하시면 주문 상황을 쉽게 확인하실 수 있습니다.

32 **media outlet**

- 언론 매체, 매스컴

  Finance Daily was the first **media outlet** to report on the proposed merger between Triton Chemicals and GreenTech Innovations.
  <파이낸스 데일리> 지는 트라이톤 케미컬 사와 그린테크 이노베이션즈 사 간의 합병 제안을 보도한 최초의 언론 매체였습니다.

33 **repayment**

- n. 반환(금), 상환

  It's important to stick to your budget to ensure timely **repayment** of your credit card debt.
  신용카드 빚을 제때 갚기 위해서는 자금 계획을 지키는 것이 중요합니다.

34 export

- v. 수출하다
- n. 수출

SM Corporation **exports** a variety of electronic components and devices to 25 countries around the world.

SM 사는 전 세계 25개국에 다양한 전자부품과 기기를 수출합니다.

만점 TIP

• 관련 기출
  import 수입하다
  commerce 무역, 상업
  trade 무역

35 economize

- v. 절약하다, 아끼다

The company had to make tough decisions to **economize** during the economic downturn, including layoffs and budget cuts.

그 회사는 경기 침체 기간 동안 절약하기 위해 어려운 결정을 내려야 했는데, 이는 해고와 예산 삭감을 포함합니다.

만점 TIP

• 기출 Paraphrasing
  economize → save money

36 compelling

compel v. ~을 강요[강제]하다

- a. 설득력 있는; 강제적인

The sales presentation included a **compelling** argument for why their product was the best in the market.

영업 발표에는 그들의 제품이 시장에서 가장 우수한 이유에 대한 설득력 있는 주장이 포함되었습니다.

37 emerging

emerge v. 나오다, 드러나다

a. 떠오르는, 최근 생겨난

The **emerging** trends in technology suggest that artificial intelligence will play a significant role in the future of many industries.

기술 업계의 최근 추세는 인공지능이 많은 산업의 미래에 중요한 역할을 할 것임을 시사합니다.

38 switch

v. ~로 전환하다, 바꾸다 (to)
n. 전환

Switching to a vegetarian diet has numerous health benefits, including reduced risk of heart disease and improved digestion.

채식주의 식단으로 바꾸는 것은 심장병의 위험 감소와 소화 개선을 포함하여 많은 건강상의 이점을 가지고 있습니다.

39 pilot test

n. 시범 테스트

Before launching the new software, we conducted a **pilot test** with a small group of users to gather feedback.

신규 소프트웨어를 출시하기 전에, 피드백을 수집하기 위해 소규모 사용자 그룹을 대상으로 시범 테스트를 실시하였습니다.

40 refurbishment

refurbish v. ~을 새로 꾸미다[재단장하다]

n. 개조, 재단장

The shopping mall's **refurbishment** included renovating storefronts, adding new lighting, and upgrading the food court.

쇼핑몰의 재단장에는 매장 전면 개조, 조명 추가, 그리고 푸드코트 업그레이드가 포함됐습니다.

DAILY QUIZ

단어와 그에 알맞은 뜻을 연결해 보세요.

1 up-to-date • • (A) 공동의, 합동의

2 emerging • • (B) 최신의

3 compelling • • (C) 설득력 있는

4 joint • • (D) 떠오르는, 최근 생겨난

빈칸에 알맞은 단어를 선택하세요.

5 I'm writing to ask you to ------- additional budget
resources for the Marketing Department.

마케팅 부서에 추가 예산 자원을 할당해 주시기를 요청하고자 이 편지를
씁니다.

6 Employees were provided with a generous travel
allowance to ------- various travel expenses.

직원들은 각종 여행 경비를 충당하도록 넉넉한 여행 수당을 지급받았습
니다.

(A) streamline
(B) allocate
(C) offset
(D) proceed

7 The human resources department announced that
it will ------- the procedure for submitting vacation
request forms.

인사부는 휴가신청서 제출 절차를 간소화하겠다고 발표했습니다.

8 Once you have picked up your tickets, please -------
to the boarding gate for departure.

티켓을 수령하셨으면, 출발을 위해 탑승 게이트로 가시기 바랍니다.

Day 05 | Part 7 독해가 쉬워지는 어휘 ①

정답 1 (B) 2 (D) 3 (C) 4 (A) 5 (B) 6 (C) 7 (A) 8 (D)

LISTENING

• Part 2

1. Mark your answer.   (A) (B) (C)

2. Mark your answer.   (A) (B) (C)

3. Mark your answer.   (A) (B) (C)

4. Mark your answer.   (A) (B) (C)

5. Mark your answer.   (A) (B) (C)

6. Mark your answer.   (A) (B) (C)

7. Mark your answer.   (A) (B) (C)

8. Mark your answer.   (A) (B) (C)

9. Mark your answer.   (A) (B) (C)

10. Mark your answer.   (A) (B) (C)

• Part 5

11. The Moonveil Hotel offers guests ------- amenities including free Wi-Fi service and a 24-hour business center.

(A) descriptive
(B) instructed
(C) various
(D) alert

12. The decision to switch to a more affordable supplier is having the ------- impact on our monthly expenses.

(A) eventful
(B) desired
(C) diligent
(D) experienced

13. Environmental groups hope that the mayor allocates ------- funding for clean-up efforts at the Tusker River site.

(A) competent
(B) intentional
(C) sufficient
(D) dependent

14. Because the dining table appeared ------- upon delivery, Mr. Kang demanded that the items be picked up.

(A) damaged
(B) organized
(C) assembled
(D) unopened

15. To accommodate all gym members, Star Fitness has added new yoga classes ------- for all fitness levels.

(A) appropriate
(B) adjacent
(C) mutual
(D) cautious

16. The number of visitors has stayed ------- throughout the museum's recent period of renovation.

(A) frequent
(B) distinct
(C) proper
(D) steady

17. The ------- information in the welcome pack can help new staff to settle into our company's work environment more easily.

(A) arbitrary
(B) supplemental
(C) superfluous
(D) potential

18. Elizabeth Barker was presented with a ------- award for her critically acclaimed novel, *A Summer Affair*.

(A) prestigious
(B) repetitive
(C) prolific
(D) laborious

• Part 6

Questions 19-22 refer to the following article.

Los Angeles, April 23– Local station JSV Television has lost millions so far this year with a record second quarter loss of $22 million and could even face bankruptcy by the end of the year. The downturn in revenue can be **19.** ------- to the global decline of media companies and a difficult economic environment.

20. -------. This move into print media is worrying some shareholders who voiced their opposition to the purchase at a recent meeting.

JSV Television is the largest privately owned television station in the state of California and has become one of the **21.** ------- companies in the industry ever since its **22.** ------- by Harry Smithson in 1964. The company currently employs 6,800 staff.

19. (A) attributed
(B) contributed
(C) committed
(D) applied

20. (A) Industry analysts predict that the sluggish economy will soon recover.
(B) Despite the drop in earnings, JSV Television recently acquired a daily newspaper.
(C) Media companies need to find ways to adapt to how people consume media.
(D) It saw many customers drop their service in favor of cheaper plans.

21. (A) leading
(B) accustomed
(C) originated
(D) moving

22. (A) founding
(B) found
(C) founder
(D) founded

• Part 7

Questions 23-24 refer to the following letter.

Mr. Fulci,

I am contacting you to follow up on the discussion we had at the convention last Tuesday. As I mentioned, I am the founder of a mobile application development company called Leisuresoft and seeking those willing to invest in my business.

Provided that we secure adequate investment, we will prioritize our event ticketing application called EazyTix. The status of this project is currently 30 percent complete. We subcontracted the programming to Horizon IT Solutions to complete the first phase of the project within budget. Our board members have unanimously agreed to renew the contract with Horizon for the final phase of programming.

If you are interested in investing in our company, your funds would be allocated primarily for marketing EasyTix. We would regularly provide up-to-date reports on our projects, and you can anticipate repayment of your initial investment, plus dividends, within two years.

I hope to hear from you soon regarding this exciting opportunity.

Regards,

Kyle Glass
Founder and President, Leisuresoft Inc.

---

23. What is the main purpose of the letter?

(A) To offer Mr. Fulci a job
(B) To finalize a company merger
(C) To celebrate the success of a project
(D) To seek financial assistance

24. What is true about Leisuresoft Inc.?

(A) It developed a successful fitness application.
(B) It has been working on a project without overspending.
(C) It has collaborated with Mr. Fulci in the past.
(D) It will be representing at the upcoming convention.

정답 및 해설 p.80

Week 05
정답 및 해설

Day 01 LC가 잘 들리는 어휘 ③

DAILY QUIZ

7. Did you get your prescription filled?
(A) **Yes, I just picked it up from the pharmacy.**
(B) It's around the corner.
(C) Dr. Keller will see you now.

처방약을 조제 받으셨나요?
(A) 네, 방금 약국에서 받아왔어요.
(B) 모퉁이를 돌면 있어요.
(C) 켈러 선생님이 지금 진료를 봐 주실 겁니다.

어휘 **fill a prescription** 처방전대로 약을 조제하다
pick up ~을 가져오다

8. Why was the product line discontinued?
(A) About a month ago.
(B) It received bad reviews.
(C) Production has increased by 20 percent.

왜 그 제품군이 단종되었죠?
(A) 약 한 달 전에요.
(B) 좋지 않은 후기들을 받았어요.
(C) 생산량이 20퍼센트 증가했습니다.

어휘 **product line** 제품군 **discontinue** ~을
단종시키다 **production** 생산량

Day 02 형용사 ①

표제어 문제 정답 및 해석

1. (A)	2. (B)	3. (B)	4. (A)	5. (B)
6. (A)	7. (A)	8. (A)	9. (A)	10. (B)
11. (A)	12. (A)	13. (A)	14. (A)	15. (B)
16. (A)	17. (B)	18. (A)	19. (A)	20. (A)
21. (A)	22. (B)	23. (A)	24. (A)	25. (B)
26. (B)	27. (B)	28. (A)	29. (A)	30. (B)
31. (B)	32. (B)	33. (B)	34. (A)	35. (B)
36. (B)	37. (B)	38. (B)	39. (A)	40. (B)

1. 3개의 오후 시간 자리는 타인 강을 따라 보트 투어하는 것을 희망하는 누구든지 이용할 수 있다.
2. 매주 열리는 농산물 직판장은 주민들에게 낮은 가격에 지역 농부들로부터 신선한 농산물을 구매할 기회를 제공한다.
3. <메타 문 크로니클스>는 올해의 비디오 게임상의 가장 최근 수상작이다.
4. 귀하의 전기 요금 고지서에 명시된 금액은 늦어도 6월 14일까지가 지불 기한입니다.
5. 모든 페리 출발 시간은 기상 여건에 따라 변경될 수 있습니다.
6. 에르고 솔루션 사는 자세와 혈액 순환을 개선하기 위해 고안된 사무실 책상과 의자를 제조한다.
7. <더 터닝 오브 더 리브스>는 아직까지 작가 리차드 딘의 가장 성공적인 소설이다.
8. 다가오는 몇 달 동안, 그 회계사는 우리의 사업 비용을 줄일 추가적인 방법들을 찾기를 희망한다.
9. 지역 주민들은 시 의회가 공사 제안에 관한 그들의 우려를 들었다는 것을 듣고 기뻐했다.
10. 현재 저희 메뉴에 있는 여러 요리들이 식사 손님들의 피드백에 기반해 단종될 수 있습니다.
11. 다음 달에, 세나 씨는 샌프란시스코에 본사를 둔 기술 회사에 합류할 것이다.
12. 저희의 새로운 요가 수업에 참석하는 데 관심이 있는 체육관 회원들은 웹 사이트에서 등록하실

수 있습니다.

13. 브라운 씨는 꽤 많은 은행 대출을 받을 필요가 있음에도 불구하고, 가능한 어떠한 방법으로든 그의 사업을 시작할 계획이다.

14. 허니듀 놀이공원의 반값 입장권은 한정된 시간에만 이용 가능합니다.

15. 인공 지능의 출현은 AX 미술관에서의 현재 예술 박람회의 주요한 주제이다.

16. 건설 허가증에 대한 신청서를 제출할 때 모든 필요한 서류들을 포함하고 있도록 확실히 해주십시오.

17. 올해의 뮤직 페스티벌은 작년의 페스티벌보다 45명 더 많은 공연자들을 특징으로 할 것이다.

18. 저희의 새로운 운동화의 종류가 10대들에게 점점 더 인기 있어지고 있습니다.

19. <비즈니스 위클리>의 최신 기사에 따르면, 가장 효과적인 마케팅 전략들 중 하나는 소셜 미디어 광고이다.

20. 10년 전 설립 이후로, 에본 메뉴펙쳐링 사는 마이크로칩의 선도적인 생산 회사가 되었다.

21. 다가오는 축제 쇼핑 기간 동안 겔라틀리 씨는 수요를 감당하기 위해 더 많은 파트타이머 근로자들을 고용할 계획이다.

22. 아몬드 호텔은 컨퍼런스 센터에서 열리는 행사에 참석하는 것을 계획하는 사람들에게 아주 편리한 위치에 있다.

23. 컨퍼런스 회의록과 발표 자료 슬라이드는 행사 후에 저희 웹 사이트에서 이용 가능할 것입니다.

24. 벤트론 사에 의해 제조된 텐트들은 다양한 색상과 크기로 나온다.

25. 애쉬크로프트 시 의회는 버스 정류장 뒤에 있는 부지를 85개 주택들을 포함한 주거 구역으로 전환하는 것을 계획한다.

26. 면접 날짜와 시간이 괜찮은지를 확실히 하시고, 어떤 변경이라도 희망하신다면 저희에게 연락해 주시기 바랍니다.

27. 저희의 테라스용 가구는 알맞은 보호용 니스를 사용하여 올바르게 유지되지 않는다면 곰팡이에 취약합니다.

28. 회사의 정책에 따라, 귀하는 제때에 부서장에게 휴가 신청서를 제출해야 합니다.

29. 유로 철도 웹 사이트의 오류는 여러 기차들의 잘못된 출발 시간의 게시라는 결과를 낳았다.

30. 온수 욕조에 들어가기 전, 물을 귀하가 원하는 온도로 설정하기 위해 리모콘을 사용하세요.

31. 대부분의 지역 주민들은 지하철 시스템이 도시에서 가장 믿을 만한 대중교통 형태라는 것에 동의한다.

32. 인사부장은 직원들이 인트라넷을 통해 연차를 요청할 수 있도록 하는 효율적인 시스템을 만들었다.

33. 교육 워크숍에 참석할 수 없는 직원들은 이메일로 발표 자료 슬라이드를 받을 것이다.

34. 실험실 관리자 직책에 대한 지원자들은 생명 공학 학위 또는 관련된 연구 영역을 가지고 있어야 한다.

35. 오후 7시 이후에 근무하는 공장 직원들은 초과근무 수당의 자격이 있다.

36. 그 회사는 6개월의 운영 내에 초기의 창업 비용을 충당하는 것을 예상한다.

37. 귀하의 구매품에 완전히 만족하지 않으신다면, 10일 이내에 환불을 위해 그것을 반품하실 수 있습니다.

38. 비록 직원들을 교육 과정에 등록시키는 것이 비싸지만, 대표이사는 그것이 회사 전체에 이득일 것이라고 생각한다.

39. 부동산 중개인에 따르면, 그 사무실 건물은 적어도 150명의 직원들을 위한 충분한 공간을 가지고 있다.

40. 새로운 직원 장려책은 전체 직원 생산성에 대한 매우 유익한 효과를 가졌다.

DAILY QUIZ

7.

해석 밀튼 고등학교 근처에 있는 보행자 전용 다리는 위험한 빙판 때문에 이용할 수 없다.

해설 빈칸에는 위험한 빙판으로 인한 결과와 관련된 어휘가 빈칸에 쓰여야 알맞으므로 not과 결합해 '이용할 수 없는, 접근할 수 없는'이라는 의미를 구성할 수 있는 (B)가 정답이다.

어휘 **pedestrian footbridge** 보행자 전용 다리
black ice (도로 표면의 잘 보이지 않는) 빙판
raised 높이 올린, 높은 **accessible** 이용
가능한, 접근 가능한 **profitable** 수익성이 있는

8.

해석 해안가 지역에 대한 제안된 시안은 시청 웹 사이
트에서 온라인으로 볼 수 있다.

해설 빈칸에는 해안가 지역에 대해 제안된 시안과 시
청 웹 사이트라는 특정 장소의 관계를 나타낼 어
휘가 필요한데, 의미상 웹 사이트는 디자인을 볼
수 있는 장소이므로 '이용할 수 있는, 구할 수 있
는'이라는 의미의 (A)가 정답이다.

어휘 **waterfront** 해안가 **available** 이용할
수 있는, 구할 수 있는, 시간이 나는
considerable 상당한

Day 03 형용사 ②

표제어 문제 정답 및 해석

1. (A)	2. (B)	3. (A)	4. (B)	5. (B)
6. (A)	7. (B)	8. (A)	9. (A)	10. (B)
11. (A)	12. (B)	13. (A)	14. (B)	15. (B)
16. (A)	17. (B)	18. (A)	19. (A)	20. (B)
21. (A)	22. (B)	23. (B)	24. (A)	25. (B)
26. (A)	27. (B)	28. (A)	29. (A)	30. (A)
31. (B)	32. (B)	33. (A)	34. (A)	35. (A)
36. (B)	37. (B)	38. (B)	39. (A)	40. (B)

1. 진료소 직원들은 병원의 정책에 따라 모든 환자
의 정보를 기밀로 유지해야 한다.
2. 커피 컵의 배송이 부적절하게 포장된 상품들로 인
해 손상된 채 도착했다.
3. 유효한 주차 허가증이 분명히 보인다면, 차량들은
동쪽 주차장에만 주차되어질 수 있다.
4. 벤슨 씨는 투숙객들이 룸서비스 메뉴에 대한 변경

을 찬성할 것 같다고 생각한다.
5. 제임스 멧칼프가 주연한 새로운 영화는 다수의
비평가들로부터 대개 긍정적인 후기를 받았다.
6. 이번 주말에 회사 하이킹에 합류하는 모든 사람
들은 적절한 신발을 착용하고 자외선 차단제를
바르도록 안내되었다.
7. 다양한 기본 모델들의 도입으로 인해, 휴대전화는
마침내 거의 모든 사람들에게 가격이 적당해졌다.
8. 코로나 커피숍은 인상적인 종류의 페이스트리와
샌드위치를 취급한다.
9. 독립 영화 페스티벌의 심사 위원은 여러 유명한
감독들과 영화배우들을 포함할 것이다.
10. 교육 워크숍은 오후 2시 30분에 잠깐의 다과 시
간을 위해 중단될 것이다.
11. 에어로 테크놀로지 사는 전 세계에서 사용되는
독특한 모바일 어플리케이션을 개발하는 것으로
유명하다.
12. 그 국립공원의 웹 사이트는 등산 코스의 길이와
난이도에 관한 정확한 정보를 제공한다.
13. 시 의회는 좋지 않은 날씨에도 불구하고 그 거리
퍼레이드가 계획된 대로 개최될 것이라고 여전히
확신한다.
14. 보어햄 주식회사는 엑세터에 있는 새로운 공장을
위해 250명 이상의 숙련된 직원들을 채용할 계획
이 있다.
15. 힌클리 도서관의 회원들은 반납 기한이 지난 책
들에 대한 비용 청구가 있을 것이라는 점에 유의
하실 필요가 있습니다.
16. 시리우스 텔레콤은 귀하의 브로드밴드 서비스에
계속되는 중단에 대해 사과드리고 싶습니다.
17. 시장 전문가들은 가격이 적절한 TV 스트리밍 서
비스에 대한 증가하는 수요에 주목해 왔다.
18. 모든 총회 참석자들은 다양한 도심 호텔로부터 무
료 교통편을 이용할 수 있다.
19. 관리 직책들은 온라인에 공석을 게시하기보다는
내부 채용을 통해 채워질 것이다.
20. 리젠트 호텔의 로비는 투숙객을 위한 여러 편안한
소파와 안락의자를 포함하고 있다.
21. 제프 브라이트맨은 그의 첫 영화 전체를 감독하
기를 간절히 바라는 숙련된 뮤직 비디오 감독이
다.

22. 전문적이고 잘 고안된 웹 사이트는 어떠한 사업체든지 성공하기 위해 필수적이다.

23. 루이즈 씨는 모든 직원들이 새로운 데이터베이스 시스템에 익숙해질 때까지 주간 교육 워크숍을 계속 시행할 것이다.

24. 줌바 레스토랑의 종업원들은 지역 재료와 와인에 대해 매우 박식하다.

25. 부동산 시장 전문가들은 글렌 밸리와 주변 지역에서의 주택 가격의 꾸준한 상승에 주목해왔다.

26. 예상치 못한 출장 지연으로 인해, 일본 고객들이 오후 4시까지 공장에 도착하지 않을 것이다.

27. 티아라 케이터링 사는 자사의 우수한 메뉴와 훌륭한 고객 서비스로 유명하다.

28. 에벌리 지사의 연례 수익이 마침내 우리의 플래그십 매장의 수익과 동등해졌다.

29. 살라자르와 인디고 사에 의해 출시된 새로운 휴대전화는 비교할 만한 특징들과 가격의 가치를 제공한다.

30. 그 대표이사는 제조 공장이 4월 20일까지 완전히 가동될 것으로 예상한다.

31. 그 고객은 공항 청사진에 대한 건축가의 제안된 변경사항에 만족한다.

32. 직원 야유회의 목적지는 재무부장에 의해 할당된 예산에 많이 의존한다.

33. 우수한 근로 윤리와 생산성을 보여준 직원들은 연례 보너스로 보상 받는다.

34. 그 두 후보자 사이에 명백한 차이가 없다.

35. 50명의 파트타임 직원들이 12월 전반에 걸쳐 계절적 요구에 대처하는 것을 돕기 위해 우리 지사에 고용되었다.

36. 리지백 등산화는 자사의 내구성이 좋은 밑창 덕분에 오랜 등산에 적합하다.

37. 우리 직원들의 직무 분장과 관련된 일련의 교육 워크숍은 1월 동안 개최될 것이다.

38. 시드마우스 콘서트 센터는 그 장소 뒤에 있는 비어 있는 부지를 매입함으로써 주차 수용력을 확장하는 것을 희망한다.

39. 새로운 사무실 정책의 일부로서, 직원들은 매달 마지막 금요일에 편안한 복장을 입을 수 있습니다.

40. 배드민턴 클럽에 가입하기 전에, 각각의 잠재적인 회원들은 우선 연습 시간에 참석해야 한다.

DAILY QUIZ

7.

해석 세계적으로 유명한 감독으로서, 로이드 씨는 연극계에 대한 우수한 공헌으로 널리 인정받아 왔다.

해설 빈칸에는 로이드 씨가 연극계에서 인정받는 이유를 나타낼 수 있는 어휘가 필요하므로 '우수한, 특출난, 예외적인'이라는 뜻의 (D)가 정답이다.

어휘 director 감독 recognized 인정받은, 알려진 contribution 공헌 theater 연극계
 • severe 극심한, 심한 established 확실히 자리를 잡은, 존경받는 abnormal 비정상적인 exceptional 우수한, 특출난, 예외적인

8.

해석 사우스 스트리트 주차장에 차량을 주차하시려면, 운전자들께서는 반드시 유효한 컨트리 클럽 회원 카드를 보이도록 놓아두시기 바랍니다.

해설 빈칸에는 주차 가능한 차량임을 입증하기 위한 회원 카드의 특성을 나타낼 어휘가 쓰여야 하므로 '유효한'을 뜻하는 (A)가 정답이다.

어휘 display ~을 보이도록 놓아두다, 전시하다 valid 유효한 gradual 점진적인 prolific (작가 등이) 다작하는, (동식물) 다산하는

Day 04 형용사＋명사 콜로케이션

표제어 문제 정답 및 해석

1. (B)	2. (B)	3. (A)	4. (B)	5. (B)
6. (B)	7. (B)	8. (A)	9. (A)	10. (A)
11. (A)	12. (B)	13. (B)	14. (B)	15. (A)
16. (B)	17. (A)	18. (B)	19. (B)	20. (A)
21. (A)	22. (B)	23. (B)	24. (B)	25. (A)
26. (A)	27. (B)	28. (A)	29. (B)	30. (A)
31. (A)	32. (B)	33. (B)	34. (B)	35. (A)
36. (B)	37. (A)	38. (B)	39. (B)	40. (B)

1. 직원들은 개인 사유로 회사 자산을 사용하는 것이 허용되지 않는다.
2. 대부분의 운전자들은 그것들이 소비하는 과도한 양의 휘발유 때문에 볼콘 자동차의 SUV 차종에 관심이 없다.
3. 리버사이드 호텔의 다수가 올해 성수기 동안 최대 수용 인원으로 운영될 것으로 예상된다.
4. 로건 농장은 가장 신선한 채소들을 고객들에게 제공하는 것을 자랑스럽게 여긴다.
5. 글론팅 씨는 시골의 아름다운 경치를 즐기기 때문에 출장 때 기차 타는 것을 선호한다.
6. 올리버 하디 씨는 회사에 상당한 기여를 해왔으며, 그의 최근 승진은 매우 당연한 것이다.
7. 우리의 여름 패키지 상품은 기업과 기관들을 위한 많은 야외 활동들을 제공한다.
8. 맨리 인더스트리 사는 효율을 증가시키기 위해 자사의 생산 관행에 폭넓은 변화를 줄 것이다.
9. 레이 존스 체육관 회원들은 경험이 풍부한 강사들에 의해 진행되는 아주 다양한 헬스 강좌들에 대한 독점적인 이용권을 얻는다.
10. AK 전자는 고객들에게 추가 비용 없이 연장된 품질 보증 기간을 제공하는 것을 결정했다.
11. 사회 기반 시설의 개발은 재정적 자원과 헌신적인 인력 관점에서 모두 중대한 투자를 필요로 한다.
12. S&B 리테일 그룹은 고객 만족과 충성도를 향상시키는 것에 대한 귀중한 제안들을 구하고 있습니다.
13. 귀하의 완성된 입사 지원서를 인사팀 사무실에 8월 15일까지 이메일로 제출해주십시오.
14. 로건 로지스틱스는 최근 배송물을 실시간으로 추적하는 고급 기술을 채택했다.
15. 직원들은 소셜 미디어에서 자신의 일에 대한 어떤 정보도 공유하기 전에 사전 허가를 받아야 한다.
16. 우리는 현재 우리 지점 사무실에서 근무할 매우 경험이 많은 기술직 직원 몇 분을 채용하고 있습니다.
17. 산업안전부는 올슨 메뉴팩처링 사에 있는 기계의 정기 점검을 수행할 것이다.
18. 블루 스카이라인은 운동화와 풋볼 저지와 같은 아주 다양한 스포츠 용품들을 제공한다.
19. 최신 교육 일정이 일정 충돌로 인해 회사 웹 사이트에 다시 게시되었습니다.
20. 임시 직원들은 기밀인 고객 데이터베이스에 대해 제한된 접근 권한만이 주어진다.
21. 본 약정에 대한 추가 세부사항은 부록에 제공된 보충 정보를 참조하십시오.
22. 밀헤이븐 시 의회는 주민들에게 그들의 의견을 나눌 수 있는 기회를 주기 위해 공청회를 개최할 것이다.
23. 그 회사 안내서는 직원들이 매일 충족하도록 예상되는 높은 기준들을 간략하게 서술한다.
24. 도미니크 사토 씨는 직무에 대한 모범적인 성과로 올해의 직원상의 영광을 가졌다.
25. 다이아몬드 그룹의 헌신적인 직원들이 지난주 가장 높은 매출을 기록했다.
26. 저희의 새로운 상품은 귀하의 컴퓨터와 모니터 모두에 대한 손해를 보상하는 종합적인 제품 보증을 포함합니다.
27. 고메즈 씨는 스토리텔링 기술에 대한 보기 드문 기여로 명망 있는 국제 작가상을 받았다.
28. 저희의 고객 서비스 센터에서의 과도한 통화량으로 인해, 귀하께서는 전화 교환원과 이야기하기 위해 기다리실 필요가 있을 수도 있습니다.
29. 내일 직원 회의의 주요 목표는 내년을 위한 매출 목표를 설정하는 것이다.

30. 래리 윌킨스 씨가 우리의 제조 과정에 빠른 변화를 일으킨 공로로 상을 받을 것으로 예상된다.

31. 스위트 사운드 사의 연구팀은 자신들이 개발한 자동차 스테레오 시스템의 혁신적인 디자인에 대한 공로를 인정받았다.

32. 인터넷은 지식의 확산에 지속적인 영향을 끼친 가장 위대한 발명으로 여겨진다.

33. 로이 벤슨 박사는 새로운 엔진 개발에 대한 뛰어난 기여에 대해 상을 받았다.

34. 생산 부장 직책을 위한 자격을 갖춘 모든 지원자들은 이력서를 10월 15일까지 제출해야 한다.

35. 연극 공연에 참가하는 배우들에 대한 상세 정보가 소책자에 포함되어 있습니다.

36. 우리의 목표는 가장 합리적인 가격에 최고 품질의 제품과 서비스를 제공하는 것이다.

37. 스마트 잇츠는 이전에 식품 유통 분야에서 근무했던 분들께 경쟁력 있는 급여를 제공합니다.

38. 저희의 모든 신상품은 2년의 품질 보증이 딸려 있으며, 추가 비용 없이 어떠한 결함 있는 상품들도 교체해 드릴 것입니다.

39. 어떤 오해도 피하기 위해 서명하기 전에 동봉된 계약서를 매우 신중하게 읽어보십시오.

40. 시장 조사 시험의 최종 단계에, 환자들은 플라스틱 말보다 나무로 된 게임 말을 선호했다.

DAILY QUIZ

7.

해석 그 잡지의 구독자들은 이스틀리 뮤직 홀에서의 라이브 공연과 같은 행사에 대한 독점적인 이용권을 얻는다.

해설 빈칸에는 빈칸 뒤에 제시된 명사 access를 수식하면서 잡지 구독자들이 누릴 수 있는 혜택을 나타낼 수 있는 어휘가 필요하므로 access와 함께 '독점적인 이용(권)'이라는 의미의 (A)가 정답이다.

어휘 **exclusive access** 독점적인 이용(권) **unknown** 알려지지 않은

8.

해석 브리타니 푸드 사는 합리적인 가격에 질 높은 서비스를 제공하는 곳으로 알려져 있기 때문에 로건 홀 컨퍼런스 센터와 출장 요리 제공 계약을 체결했다.

해설 빈칸에는 빈칸 뒤에 제시된 명사 price를 수식해 가격 수준을 나타낼 수 있는 어휘가 필요하므로 price와 함께 '합리적인 가격'이라는 의미인 (B)가 정답이다.

어휘 **be awarded a contract with** ~와 계약을 체결하게 되다 **brief** 간략한, 잠시 동안의 **reasonable price** 합리적인 가격 **sudden** 갑작스러운

Week 05 실전 TEST

---

1. (A)   **2.** (C)   **3.** (B)   **4.** (B)   **5.** (A)

6. (A)   **7.** (B)   **8.** (A)   **9.** (C)   **10.** (A)

11. (C)   **12.** (B)   **13.** (C)   **14.** (A)   **15.** (A)

16. (D)   **17.** (B)   **18.** (A)   **19.** (A)   **20.** (B)

21. (A)   **22.** (A)   **23.** (D)   **24.** (B)

1. Wasn't Carol organizing the company party?

(A) Yes, I'll see if that's still happening.

(B) To celebrate our product launch.

(C) We had a delicious meal.

캐롤 씨께서 회사 파티를 준비하고 계시지 않나요?

(A) 네, 제가 그게 여전히 열리는지 확인해 볼게요.

(B) 우리 제품 출시를 기념하기 위해서요.

(C) 저희는 맛있는 식사를 했습니다.

어휘 **organize** ~을 준비하다, ~을 조직하다 **see if** ~인지 확인하다 **celebrate** ~을 기념하다, ~을

축하하다 **launch** 출시, 공개, 발표

2. We should prepare disposable cups for guests.

(A) I've set up tables and chairs.

(B) Each pack contains 40 pieces.

(C) We were told to cut back on using plastics.

우리가 손님들을 위해 일회용 컵을 준비해야 합니다.

(A) 제가 탁자와 의자들을 설치해 두었습니다.

(B) 각각의 팩에 40개가 들어 있습니다.

(C) 플라스틱 사용을 줄이라는 지시를 받았습니다.

어휘 **prepare** ~을 준비하다 **disposable** 일회용의 **set up** ~을 설치하다, ~을 설정하다 **contain** ~을 담고 있다, ~을 포함하다 **cut back on** ~을 줄이다

3. Is Ms. Perez going to be our guest speaker?

(A) An audio system malfunction.

(B) No, she'll be out of town.

(C) We look forward to it.

페레즈 씨께서 우리의 초청 연사가 되시는 건가요?

(A) 오디오 시스템 오작동 문제요.

(B) 아뇨, 그분께서는 다른 지역에 가 계실 거예요.

(C) 저희는 그것을 고대하고 있습니다.

어휘 **malfunction** 오작동, 작동 불량 **look forward to** ~을 고대하다

4. Did Oliver get transferred to another store?

(A) I can transfer your call.

(B) Yes, because he recently moved.

(C) Bus 408 stops over there.

올리버 씨가 다른 매장으로 전근되신 건가요?

(A) 전화를 돌려 드릴 수 있습니다.

(B) 네, 그분이 최근에 이사했기 때문입니다.

(C) 408번 버스가 저기 저쪽에 서요.

어휘 **get p.p.** ~되다 **transfer** ~을 전근시키다, (받은 전화를) 돌려 주다, 연결시키다 **recently** 최근에

5. Make sure to switch off all appliances before leaving.

(A) Of course, I'll follow the instructions.

(B) It is a new model.

(C) No, not until lunch time.

나가시기 전에 반드시 모든 기기의 스위치를 끄시기 바랍니다.

(A) 물론이죠, 지시 사항을 따르겠습니다.

(B) 그건 새 모델이에요.

(C) 아뇨, 점심 시간이나 되어야 합니다.

어휘 **make sure to do** 반드시 ~하도록 하다 **switch off** ~의 스위치를 끄다 **appliance** (가전) 기기, 기구 **follow** ~을 따르다, ~을 준수하다 **instructions** 지시, 안내, 설명

6. When will you upload the poster I designed?

(A) Probably on Monday at the latest.

(B) On our social media page.

(C) I bought a toaster oven.

언제 제가 디자인한 포스터를 업로드하실 건가요?

(A) 아마 늦어도 월요일일 거예요.

(B) 우리 소셜 미디어 페이지에요.

(C) 제가 토스터 오븐을 구입했어요.

어휘 **at the latest** 늦어도

7. What is the reason for canceling your magazine subscription?

(A) The printing company.

(B) I don't have time to read anymore.
(C) Several fashion trends.

귀하의 잡지 구독 서비스를 취소하신 이유가 무엇인가요?
(A) 인쇄업체요.
(B) 더 이상 읽을 시간이 없습니다.
(C) 여러 패션 트렌드요.

어휘 subscription 구독, 서비스 가입

8. May I get an itemized bill for the repairs?
(A) Sure, give me one second.
(B) I can't afford that price.
(C) The auto shop down the street.

수리 작업에 대한 요금 명세서를 받아 볼 수 있을까요?
(A) 그럼요, 잠시만요.
(B) 저는 그 가격을 감당할 수 없어요.
(C) 길 저쪽에 있는 자동차 정비소요.

어휘 itemized bill (항목별로 나눈) 요금 명세서 repair 수리 can't afford (가격 등) ~을 감당할 수 없다, ~에 대한 여유가 없다

9. Who approved the budget proposal?
(A) It's due on Friday.
(B) About 8 thousand dollars.
(C) The department head.

누가 예산 제안서를 승인했나요?
(A) 금요일이 기한입니다.
(B) 약 8천 달러입니다.
(C) 부장님께서요.

어휘 approve ~을 승인하다 due ~가 기한인 department head 부서장, 부서 책임자

10. When will the film festival be held this year?
(A) In the springtime, like always.
(B) He's a famous director.

(C) At the city convention center.

그 영화제가 올해 언제 개최되나요?
(A) 봄철에요, 늘 그랬던 것처럼요.
(B) 그는 유명 감독이에요.
(C) 시립 컨벤션 센터에서요.

어휘 hold ~을 개최하다 like always 늘 그렇듯이, 언제나처럼

11.
해석 문베일 호텔은 투숙객들에게 무료 와이파이 서비스와 24시간 운영하는 비즈니스 센터를 포함한 다양한 편의시설을 제공한다.
해설 빈칸에는 빈칸 뒤에 위치한 명사 amenities를 수식하면서 와이파이 서비스와 비즈니스 센터 등 편의시설의 특징을 나타내야 하므로 '다양한'이라는 뜻의 (C)가 정답이다.
어휘 24-hour 24시간 운영하는 descriptive 서술하는, 묘사하는 instructed 교육을 받은 various 다양한 alert 기민한

12.
해석 더 가격이 알맞은 공급업체로 변경하기로 한 결정이 우리의 월간 지출 비용에 바람직한 영향을 미치고 있다.
해설 빈칸에는 빈칸 뒤에 위치한 명사 impact를 수식해 더 가격이 알맞은 공급업체로 변경하기로 한 결정이 불러올 영향의 특성을 나타낼 어휘가 와야 한다. 따라서 '바람직한, 원하는' 등을 의미하는 (B)가 정답이다.
어휘 switch to ~로 변경하다, 바꾸다 have an impact on ~에 영향을 미치다 expense 지출 (비용), 경비 eventful 다사다난한 desired 바람직한, 원하는 diligent 근면한

13.
해석 환경 단체들은 시장이 터스커 강 지역의 정화 운동에 대한 충분한 자금을 할당해 주기를 바라고 있다.
해설 빈칸에는 빈칸 뒤에 위치한 명사 funding을 수식해 자금의 양 등을 설명할 수 있는 어휘가 필

요하므로 '충분한'을 뜻하는 (C)가 정답이다.

어휘 allocate ~을 할당하다, 배정하다 clean-
up 정화, 청소 effort (조직적인) 운동, 노력
intentional 의도적인, 고의의 sufficient
충분한

14.

해석 식탁이 배송되자마자 손상된 것으로 보였기 때
문에, 강 씨는 그 상품이 다시 가져가야 된다
고 요구했다.

해설 빈칸에는 소비자가 제품이 다시 가져가야 한
다고 요구할 수 있는 조건에 해당되는 상태를 나
타낼 어휘가 쓰여야 알맞으므로 '손상된'을 의미
하는 (A)가 정답이다.

어휘 appear ~처럼 보이다 upon ~하자마자
damaged 손상된 organized 체계적인,
조직화된 assembled 조립된

15.

해석 체육관의 모든 회원들을 수용하기 위해, 스타 피
트니스는 모든 신체 단련 수준에 적절한 새 요가
강좌들을 추가했다.

해설 빈칸에는 빈칸 앞에 위치한 명사구 yoga classes
를 뒤에서 수식해 그 특성을 나타낼 어휘가 필요
한데, 빈칸 뒤에 위치한 전치사 for와 어울려야
하므로 '적절한, 적합한'을 의미하는 (A)가 정답
이다.

어휘 appropriate 적절한, 적합한 adjacent (to)
(~에) 인접한, 가까운 mutual 상호간의, 서로의

16.

해석 박물관의 최근 보수공사 기간 내내 방문객의 수
가 꾸준히 유지되었다.

해설 빈칸에는 박물관의 보수공사 기간 내에 방문객
의 수의 상태를 나타낼 수 있는 어휘가 필요하므
로 '꾸준한'이라는 의미의 (D)가 정답이다.

어휘 the number of ~의 수 throughout ~
내내, ~ 도처에서 distinct 뚜렷한, 분명한
proper 적절한, 제대로의 steady 꾸준한

17.

해석 웰컴 팩에 있는 보충 정보는 신입직원들이 우리
의 회사 업무 환경에 더 쉽게 자리잡도록 도움을
줄 수 있다.

해설 빈칸에는 빈칸 뒤에 위치한 명사 information
을 수식해 신입직원들이 회사에 더 쉽게 자리잡
을 수 있도록 도울 수 있는 정보의 특징을 나타내
야 하므로 information과 함께 '보충 정보'라는
뜻의 (B)가 정답이다.

어휘 supplemental information 보충 정보
settle into ~에 자리잡다 arbitrary
제멋대로인 superfluous 불필요한

18.

해석 엘리자베스 바커 씨는 비평가들의 극찬을 받은
소설 <써머 어페어>로 명망 있는 상을 받았다.

해설 빈칸에는 빈칸 뒤의 명사 award를 수식하며 비
평가들의 극찬을 받을 정도의 소설이 받는 상의
특징을 설명할 수 있는 어휘가 필요하다. 따라서
award와 함께 '명망 있는 상'이라는 의미의 (A)
가 정답이다.

어휘 be presented with (상 등) ~을 받다
prestigious award 명망 있는 상
critically acclaimed 비평가들의 극찬을
받은 repetitive 반복적인 prolific 다작하는
laborious 힘든

19-22.

로스앤젤레스, 4월 23일 – 지역 방송국인 JSV 텔레비
전은 올해 지금까지 수백만 달러의 손실을 봤는데, 기
록적인 2분기 손실이 2천 2백만 달러에 이르고, 심지어
는 올해 말 파산에 직면할 수도 있다. 수익의 하락은 미
디어 기업들의 세계적인 감소와 어려운 경제 상황 **19**
탓일 수 있다.

20 수익의 하락에도 불구하고, JSV 텔레비전은 최
근에 일간 신문사를 인수했다. 이러한 인쇄 매체로의
이동은 최근의 한 회의에서 그 매입에 반대 목소리를
냈던 몇몇 주주들의 걱정을 샀다.

JSV 텔레비전은 캘리포니아 주에서 가장 큰 민영 텔레

비전 방송국이고, 해리 스미스 씨에 의해 1964년 **22** 설립된 이후로 업계에서 **21** 선도적인 회사들 중 하나가 되었다. 이 회사는 현재 6,800명의 직원을 고용하고 있다.

어휘 millions 수백만 so far 지금까지 record 기록적인 bankruptcy 파산 downturn 하락 be attributed to ~의 탓으로 돌리다, ~ 때문이다 worry ~을 걱정시키다 voice ~의 목소리를 내다 privately owned 민영의, 사적으로 소유된

19.
해설 빈칸 앞에는 '수익 감소'라는 결과가, 빈칸 뒤에는 전치사 to와 함께 감소의 원인 두 가지가 언급되고 있다. 따라서 be동사 및 to와 함께 '~의 탓으로 돌리다'라는 의미를 구성하는 (A)가 정답이다.

어휘 committed 헌신하는, 전념하는

20. (A) 업계 분석가들은 부진한 경제가 곧 회복될 것이라고 예측한다.
(B) 수익의 하락에도 불구하고, JSV 텔레비전은 최근에 일간 신문사를 인수했다.
(C) 미디어 기업들은 사람들이 미디어를 소비하는 방식에 적응할 방법을 찾을 필요가 있다.
(D) 그것은 많은 소비자들이 더 싼 요금제를 선호하여 그들의 서비스를 그만두는 것을 보았다.

해설 빈칸 바로 앞 문단은 한 방송국 수익 감소에 관한 내용인데, 빈칸 뒤의 문장에서 인쇄 매체로의 이동이라는 내용이 언급되어 있다. 따라서 빈칸에는 인쇄 매체에 관련된 내용이 와야 하므로 수익 하락에도 불구하고 인쇄 매체인 일간 신문사를 인수했다는 내용이 가장 적절하다. 따라서 (B)가 정답이다.

어휘 sluggish 부진한 acquire ~을 인수하다, 얻다 adapt to ~에 적응하다 drop one's service 서비스를 그만두다 in favor of ~을 선호하여 plan 요금제

21.
해설 빈칸에는 빈칸 뒤에 companies를 수식하면서 빈칸 앞에 JSV 텔레비전이 가장 큰 민영 방송국이라는 문맥에 맞는 JSV 텔레비전의 특성을 나타낼 수 있는 어휘가 필요하므로 '선도적인, 주도적인'이라는 의미의 (A)가 정답이다.

어휘 leading 선도적인, 주도적인 accustomed 익숙한 originated 기원한 moving 움직이는

22.
해설 빈칸 앞에는 전치사 since와 소유격 its가, 빈칸 뒤에는 전치사구가 있으므로 빈칸은 명사 자리이다. 선택지 중 명사는 (A)와 (C)인데, (C)는 '설립자'라는 의미를 가져 해석상 어색하므로 '설립 이후로'라는 의미가 되는 (A)가 정답이다.

23-24.

풀치 씨께,

지난주 화요일 총회에서 가졌던 논의에 대한 후속 조치로 귀하께 연락 드립니다. 제가 언급했던 것처럼, 저는 리저소프트라고 불리는 모바일 어플리케이션 개발 회사의 설립자이고, **23** 제 사업에 기꺼이 투자해주실 분들을 찾고 있습니다.

만약 저희가 충분한 투자금을 확보한다면, 저희는 이지틱스라는 행사 티케팅 어플리케이션을 우선적으로 처리할 것입니다. 이 프로젝트의 상황은 현재 30퍼센트 완성되었습니다. **24** 저희는 예산 범위 내에서 프로젝트의 첫 단계를 완성하기 위해 호라이즌 IT 솔루션스 사에게 프로그래밍 하청을 주었습니다. 저희 이사진들은 프로그래밍의 마지막 단계를 위해 호라이즌 사와 계약을 갱신하는 것에 만장일치로 동의했습니다.

귀하께서 저희 회사에 투자하시는 것에 관심이 있으시다면, 귀하의 자본금은 우선적으로 이지틱스를 마케팅하는 것에 할당될 것입니다. 저희는 주기적으로 프로젝트에 대한 최신 보고서를 제공할 것이며, 귀하께서는 초기 투자금과 배당금을 2년 이내에 상환하는 것을 예상하실 수 있습니다.

이러한 흥미로운 기회에 관해 귀하로부터 곧 소식을 들을 수 있기를 바랍니다.

어휘 **follow up on** ~에 대한 후속 조치를 하다
willing to do 기꺼이 ~하다 **provided
that** 만약 ~한다면 **secure** ~을 확보하다
adequate 충분한, 적절한 **prioritize**
~을 우선적으로 처리하다 **status** 상황,
상태 **subcontract** ~에게 하청을 주다
unanimously 만장일치로 **renew the
contract** 계약을 갱신하다 **allocate** ~에
할당하다 **primarily** 주로 **up-to-date**
최신의 **anticipate** ~을 예상하다, 기대하다
repayment dividends 배당금

23. 이 편지의 주된 목적은 무엇인가?
(A) 풀시 씨에게 일자리를 제공하기 위해
(B) 회사 합병을 마무리짓기 위해
(C) 한 프로젝트의 성공을 기념하기 위해
(D) 재정적 지원을 구하기 위해

해설 첫 번째 문단에서 글쓴이는 자신을 한 모바일 어
플리케이션 개발 회사의 설립자로 소개하면서
사업에 투자해줄 사람을 찾고 있다고 밝히고 있
다. 따라서 재정적인 도움을 요청하고 있다는
(D)가 정답이다.

어휘 **finalize** ~을 마무리 짓다, 끝내다 **merger**
합병

24. 리저소프트 주식회사에 대해 사실인 것은 무엇
인가?
(A) 성공적인 운동 어플리케이션을 개발했다.
**(B) 낭비 없이 한 프로젝트에 대해 작업해오고
있다.**
(C) 과거에 풀시 씨와 협력한 적이 있다.
(D) 곧 있을 총회에 참석할 것이다.

해설 두 번째 문단에서 글쓴이는 예산 범위 내에서 하
청을 통해 프로그래밍의 첫 단계 작업을 완료했
고, 마지막 작업을 위해 그 업체와 계약을 갱신

할 것이라는 계획을 언급하고 있으므로 (B)가
정답이다.

어휘 **work on** ~에 대해 작업하다
overspending 낭비 **represent** 참석하다,
대표하다

시원스쿨 LAB